NOUVELLES ESQUISSES

DE

PHILOSOPHIE CRITIQUE

PAR

A. SPIR

Précédées d'une biographie de l'Auteur

PARIS

ANCIENNE LIBRAIRIE GERMER BAILLIÈRE ET Cⁱᵉ

FÉLIX ALCAN, ÉDITEUR

108, BOULEVARD SAINT-GERMAIN, 108

1899

NOUVELLES ESQUISSES

DE

PHILOSOPHIE CRITIQUE

DU MÊME AUTEUR

FÉLIX ALCAN, ÉDITEUR, PARIS

Esquisses de philosophie critique. 1 volume in-18.

Pensée et réalité, Essai d'une réforme de la philosophie critique, traduit par A. PENJON, professeur à la Faculté des lettres de Lille. 1 volume in-8 (*Travaux et mémoires des Facultés de Lille*).

PAUL NEFF, ÉDITEUR, STUTTGART

Denken und Wirklichkeit, Versuch einer Erneuerung der kritischen Philosophie. 2 volumes. 3e édition.

Moralität und Religion, Recht und Unrecht. 1 volume. 3e édition.

Philosophische Essays. 1 volume.

Forschung nach der Gewissheit in der Erkenntnis der Wirklichkeit. 1 volume.

Vier Grundfragen. 1 volume.

Ueber Religion, ein Gespräch. Broch. 2o édition.

Joh. Gottl. Fichte nach seinen Briefen. 1 volume.

Erörterung einer philosophischen Grundeinsicht. Broch.

Ueber Idealismus und Pessimismus, zwei populäre Aufsätze. Broch.

Andeutungen zu einen widerspruchslosen Denken. Broch.

Sinn und Folgen der modernen Geistesströmung. Broch. 2e édition.

Coulommiers. — Imp. PAUL BRODARD. -- 189-99.

NOUVELLES ESQUISSES

DE

PHILOSOPHIE CRITIQUE

PAR

A. SPIR

Précédées d'une biographie de l'Auteur

PARIS

ANCIENNE LIBRAIRIE GERMER BAILLIÈRE ET Cⁱᵉ

FÉLIX ALCAN, ÉDITEUR

108, BOULEVARD SAINT-GERMAIN, 108

1899

VIE DE A. SPIR

Les steppes de la Russie méridionale s'étendent au loin comme un désert; on peut les parcourir pendant des heures et des heures, sans jamais rencontrer un arbre, ni une seule habitation.

En été cette plaine immense est d'un gris monotone. Les champs desséchés, brûlés par les rayons ardents du soleil, donnent au paysage un caractère particulier : c'est une mélancolie douce, portant à la rêverie, et que les poètes petits-russiens ont si bien rendue dans leurs chansons; elle ne manque pas d'exercer son charme sur les natures sentimentales et méditatives. Saisie par ce calme profond, l'âme se sent pénétrée d'une atmosphère de paix, comme au sein d'un vaste sanctuaire solennel et mystérieux. Cependant, de distance en distance, on aperçoit à l'horizon une oasis de verdure : c'est quelque grand domaine, avec son village, ses champs, ses bois, et dont le seigneur est en quelque sorte le maître de la contrée.

A dix verstes de la petite ville d'Elisabetgrad, dans le gouvernement de Kherson, se trouve une de ces oasis aux beaux ombrages, qui s'appelait — il y a environ un siècle — *Spirowka*, du nom d'Alexandre Alexandrovich Spir, médecin fort estimé dans le pays, en même temps qu'un peu redouté. On le tenait

pour un original : c'était simplement une individualité très
forte, une intelligence hardie, un caractère absolu, qui très
strictement conformait sa vie à ses principes. Considérant l'air
pur comme la condition essentielle de la santé, le docteur Spir
couchait, hiver comme été, à la belle étoile; on raconte que,
plus d'une fois, ayant trouvé un de ses malades enfermé dans
une chambre hermétiquement close, il avait enfoncé les vitres
d'un coup de canne. Mais, sous la rudesse de ses dehors, il
cachait des sentiments très généreux et un grand amour de
l'humanité.

Entré de bonne heure (en 1791) au service de l'État, il remplit différentes charges importantes : professeur extraordinaire
de physique à l'Académie de médecine de Moscou — il avait
traduit de l'allemand la *Physique* de Mayer, — inspecteur de
la commission sanitaire de Kalouga et d'Astrakhan, directeur
des hôpitaux de Nicolaïef et d'Odessa, puis médecin en chef du
port de Kherson, il fut décoré de l'ordre de Saint-Vladimir après
la guerre russo-turque.

Vers 1820 une terrible épidémie régnait au Kamtchatka; le
Dr Spir s'offrit alors à partir et traversa l'immense Sibérie à
une époque où ces régions étaient encore presque inexplorées.
Après avoir séjourné plusieurs mois dans ces lointains parages,
et croyant sa mission terminée, il se disposait à revenir dans
son pays; mal lui en prit, car ayant négligé de demander aux
autorités leur permission, il fut condamné à l'exil pour avoir
agi de son propre gré. A son retour, cependant, de nouvelles
fonctions honorifiques l'attendaient; il fut élu conseiller de cour
et secrétaire du gouvernement de Kherson; mais quelques
années plus tard, en 1830, las des situations officielles, il
préféra rentrer complètement dans la vie privée pour se consacrer tout entier aux libres recherches scientifiques qui lui
tenaient à cœur.

Durant le cours de sa longue expérience il était parvenu à

élucider certaines questions concernant l'art de guérir : ce fut le point de départ d'une doctrine qu'il désira dès lors propager, considérant comme un devoir envers l'humanité de révéler les vérités qu'il avait pu découvrir. Si paradoxales qu'elles parussent être alors, de telles théories sont aujourd'hui universellement admises. Or, à cette époque, le traitement des malades consistait à les cloîtrer dans des chambres sans air, à charger leur estomac, déjà affaibli, de drogues inutiles, et surtout, à les saigner à tort et à travers, ce qui amenait souvent la mort. En face d'une telle barbarie, le docteur Spir entrevit la nécessité d'une réforme basée sur des principes rationnels, et dans ce but composa son ouvrage, dont l'exposé simple et clair devait être à la portée de tous.

Grâce à sa méthode naturelle, il obtint des guérisons surprenantes qui éveillèrent l'attention de personnages haut placés à Saint-Pétersbourg, et dont l'appui lui permit de publier en 1836 son livre sur *la Certitude en Médecine*, ouvrage remarquable où s'allient à la rigueur du savant les saillies de l'homme d'esprit.

Le malheur de ce livre fut ce qui en faisait la valeur même : des idées précoces, des principes qui heurtaient les opinions reçues, et surtout la cabale des médecins, qui, craignant tout d'un tel livre pour la pratique de leur art et pour leur réputation, firent tant et si bien qu'ils obtinrent l'interdiction de l'ouvrage redouté. Dans son désespoir, Alexandre Alexandrovich recourut à l'Empereur lui-même, dont il avait à plusieurs reprises éprouvé la bienveillance; mais en vain. Le souverain ne put que lui exprimer ses regrets d'être obligé de maintenir l'arrêt de la censure. Ce fut un coup terrible pour le malheureux docteur!

Un dernier espoir lui restait cependant. Il songeait à la France libre et éclairée, à l'esprit ouvert des Français, et se persuada que son livre recevrait là-bas un meilleur accueil;

aussi entreprit-il, avec un nouveau zèle, la traduction de la
Certitude en Médecine [1]. Il l'adressa au ministère de l'Instruction
publique et reçut en réponse une lettre fort courtoise de

1. Nous en reproduisons ici la préface, telle qu'elle a été transcrite par l'auteur; elle ne manque pas d'intérêt :

• *AU LECTEUR,*

« Prenant part à l'état douloureux dans lequel vous vous trouvez, ou pouvez
vous trouver, par la fragilité de l'organisation humaine, et désirant vous
rendre un service salutaire, je me résous à proposer quelques pensées nouvelles, quelques règles (maximes) pour conserver et rétablir la santé, et révéler
une vérité dont je me suis convaincu par la raison et l'expérience.

« Je vous prie d'agréer mon ouvrage comme un avis salutaire, comme un
conseil bienveillant, mais non comme un ouvrage médical scientifique, car vous
n'y trouverez rien de haut et de sublime. Il indique la marche simple de la
nature, et révèle sa loi fondamentale sur laquelle tout traitement des maladies,
donc le moyen de les prévenir doit être fondé. Ne saurait guérir une maladie
qui ne sait pas la prévenir, excepté les maladies accidentelles qui peuvent
arriver au corps pendant sa meilleure santé.

« J'ai démontré d'une manière claire et indubitable que la médecine, ou soi-
disant science de guérir, n'est point une science ou ne saurait l'être par son
objet, mais que c'est une obligation, une loi. Chacun doit et peut savoir comment conserver la santé, c'est-à-dire prévenir les maladies et guérir en cas de
maladie, si toutefois sa maladie est guérissable par des moyens naturels, sans
le secours de l'art que la nature ne créa point.

« J'ai donné à cet objet la simplicité, la rigueur, la précision, la clarté et la
perfection mathématiques, l'ayant fondé, ainsi qu'en géométrie, sur des vérités
élémentaires (axiomes) incontestables, qui ne comportent aucun doute, et
l'ayant destiné au public, j'ai tâché qu'il fût intelligible pour tous.

« Je conseille dans tous les cas où il s'agit des choses d'une aussi haute importance que la vie et la santé, de ne point prêter l'oreille à des insinuations
étrangères, mais de se guider par sa propre raison. Tout ce qui n'est pas fondé
sur la raison est déraisonnable et par conséquent non seulement inutile, mais
en médecine indubitablement nuisible et pernicieux.

« Si l'imprudence semble quelquefois réussir, elle ne cesse pas néanmoins
d'être imprudence. En prêtant l'oreille à des insinuations étrangères vous
devenez le jouet des caprices et de l'arbitre d'autrui, et en médecine vous êtes
très souvent, ou pour mieux dire presque toujours le sujet, et par conséquent
la victime des procédés fondés sur des conjectures, des opinions, des probabilités, des essais ou des chimères.

« Comme mon ouvrage forme une chaîne de vérités qui demanderont de la
réflexion, de la combinaison, j'invite chacun, dans son intérêt individuel, à s'en
convaincre par la raison, à les mettre en exécution sans crainte, sans appréhension, et il ne manquera pas d'en obtenir tout l'avantage que j'en retire journellement moi-même.

« Vous ayant procuré cet avantage mon vœu sera exaucé et mon but atteint.

« Portez-vous bien et je vous garantis la santé si vous suivez les avis simples
et faciles que je vous donne avec tant d'abnégation et de désintéressement. Je
suis moi-même médecin, et porte ce titre depuis plus de quarante ans; mais
homme avant d'être médecin je préfère l'humanité à la médecine. Ayant découvert la vérité fortuitement et par hasard, je croirais pécher contre la conscience
et l'humanité, si j'en dérobais la connaissance et la laissais dans l'oubli.

« Le bien négatif, suivant la doctrine de Jésus-Christ, est plus préjudiciable
et condamnable que le mal positif. »

Guizot, lui promettant « de faire examiner comme il le méri-
tait, son important travail »... Hélas, ces belles promesses
n'eurent pas de suite et le médecin dut renoncer pour toujours
à se faire entendre. Perdu, le fruit de ses labeurs minutieux et
de ses longues recherches! perdue, la joie de répandre les
lumières qu'il avait acquises! perdue enfin, l'espérance chère
entre toutes de servir l'humanité! Dès lors le caractère du vieux
savant s'altéra et s'aigrit visiblement; il devint maussade et
irritable; cet échec avait jeté sur son existence une ombre que
rien désormais ne put effacer.

Nous avons retracé brièvement la vie du père d'African Spir,
quelques mots maintenant sur sa mère.

Elena Arsenowna Poulevich était d'origine grecque. Elle joi-
gnait à une grande beauté un caractère admirable — angélique,
disent ceux qui l'ont connue, — réunissant toutes les qualités
qui font de la femme un être vraiment digne de vénération. Sa
nature douce faisait contraste avec les manières un peu rudes
de son mari; mais grâce à son intelligence, doublée d'une
exquise délicatesse, elle sut comprendre l'originalité de celui
dont elle excusait les bizarreries. Aussi tendre mère qu'excel-
lente épouse, elle entoura ses enfants d'amour et de sollicitude.
Sa fille Charitis et son fils cadet, African, lui ressemblaient au
physique comme au moral; seul le fils aîné, Aristarque, avait
hérité des traits du père.

Aristarque Alexandrovich était un esprit fin et judicieux,
brillant causeur et mordant critique. De très bonne heure il se
révéla poète et, tout enfant, écrivait des fables. Il mourut à
l'âge de quarante-quatre ans, laissant plusieurs œuvres en vers
et en prose, dont un drame historique qui fut représenté à
Moscou lors du passage du tsar.

Lorsque, le 15 novembre 1837, vint au monde le fils cadet
d'Alexandre Spir, celui-ci avait plus de soixante ans et sa femme

près de quarante-cinq. Le petit African — c'est le prénom qui
lui échut par suite d'une prédilection du vieux docteur pour les
noms de l'ancien calendrier grec — fut baptisé selon le culte
orthodoxe, auquel appartenait sa mère, et bien que son père fût
luthérien. Tout petit il se faisait déjà remarquer par des traits
particuliers. En voici un qui nous a été raconté : il montrait pour
les bijoux une sorte d'horreur instinctive, et si la personne qui
le portait avait des boucles d'oreilles, il se mettait à pleurer et
n'avait pas de repos qu'elle ne les eût enlevées. Cette horreur
des bijoux et du clinquant a persisté toute sa vie; il considérait
ce genre d'ornements comme un reste des goûts de l'âge pri-
mitif.

A deux ans il épelait l'alphabet, et à cinq il lisait l'Évangile.
C'était un tableau touchant que ce jeune enfant assis aux pieds
de sa mère, interrompant de temps à autre sa lecture pour
regarder celle qu'il adorait et lui baiser doucement les mains.
Cette intelligence précoce se traduisait déjà sur son visage : ses
grands yeux pensifs et ses boucles noires attiraient l'attention;
mais malheur à qui osait l'admirer, car tout compliment avait
pour effet de le fâcher.

L'enfance d'African Alexandrovich fut très heureuse; il a dit
qu'elle avait été l'époque la plus belle de sa vie. Le paysage,
— pourtant peu varié dans ces contrées, — exerçait sur sa
jeune imagination un charme profond, indéfinissable. Rêveur
et solitaire, il aimait à contempler longuement le spectacle qui
l'entourait, admirant les moindres détails de la grande nature
et restant en extase en face des beautés qui se révélaient à lui,
comme si sa petite âme avait voulu pénétrer les secrets de
l'Infini! Ces heures de contemplation lui laissèrent un tel souvenir qu'il écrivait plus tard, en y faisant allusion : « On se plait
à dire que les enfants ont l'âme poétique; je doute même fort
que les poètes aient une âme aussi poétique que les enfants. »
Mais ce beau temps de rêves et de délices ne devait que trop

tôt finir. La coutume des familles nobles était de confier les garçons, de bonne heure, à des pensionnats ou à des lycées qui se chargeaient de leur éducation; ce n'est que beaucoup plus tard, après avoir pris un grade dans l'armée, que les jeunes gens rentraient dans leurs domaines, où les attendait souvent la vie la plus terre à terre et la plus dépourvue d'idéal qu'il soit possible d'imaginer. A l'âge de huit ans, donc, notre futur philosophe fut impitoyablement arraché à sa vie heureuse et tranquille, pour entrer dans un collège préparatoire à l'École navale. Dans la foule des enfants tapageurs, le silencieux African dut se sentir dépaysé. Sa réserve, la gravité de sa physionomie le firent bientôt remarquer de ses maîtres; la force de réflexion que supposaient ses réponses et ses objections avait excité leur admiration, et ils éprouvèrent un réel charme à pénétrer cette jeune intelligence, si avide de connaissances et déjà si intéressante. En même temps il inspirait à ses camarades un véritable respect, car seul entre tous, malgré la rigueur de la discipline, il n'avait jamais mérité de peine corporelle, pas même un blâme.

Après quelques années d'études — pendant lesquelles il ne vit ses parents qu'aux vacances — il entra à l'École des aspirants de marine à Nicolaïef. Là, son penchant pour la méditation, loin de diminuer, ne fit que s'accroître; comme il n'avait personne pour le guider, personne avec qui échanger ses pensées, la lecture était sa seule ressource : il dévorait les quelques ouvrages scientifiques qu'il pouvait se procurer, étudiait les classiques avec passion. Les livres restèrent toujours ses plus chers compagnons.

Vers l'âge de quinze ans, comme Renan et tant d'autres, il traversa une crise religieuse intense, passant de longues heures à genoux dans de ferventes prières; entrer dans un monastère, y vivre dans le détachement complet des choses terrestres d'une vie pure et sainte, tel était alors son plus vif désir. Il ne le

réalisa pas, cédant sans doute aux instances de sa famille, mais
resta toujours profondément religieux, au sens le plus pur du
mot.

Or, une circonstance inattendue devait changer le cours de
ses idées. Un jour, un livre de philosophie lui tombe entre les
mains : c'était la traduction française, par Tissot, de la *Critique
de la Raison pure.* Cet ouvrage, qu'il médita longuement, en
éveillant toutes ses aptitudes et son goût pour la philosophie,
devait mettre une empreinte définitive à son esprit; ce fut pour
lui comme une révélation. A. Spir avait désormais trouvé sa
voie; il lut avec avidité les œuvres des penseurs allemands, il
lut Voltaire, puis Descartes; dans la suite, Stuart Mill et Hume
devaient être ses auteurs favoris.

Mais il ne pouvait consacrer à ses chères études que de trop
rares instants; la vie de matelot l'absorbait tout entier : grimper
le long des cordages, hisser les voiles, tel était alors son rude
métier. Plus tard le philosophe aimait à raconter l'impression
qu'il avait éprouvée quand, pour la première fois, il fit vigie de
nuit au sommet du grand mât, ballotté par la tempête au-dessus
de la mer sombre et rugissante.

Officier de marine à dix-huit ans, il prit part à la défense
de Sébastopol en 1855. Aux avant-postes à Malakoff, en pleine
bataille, quand les balles sifflaient à ses oreilles, quand les bou-
lets tombaient à ses côtés, il ne se départit pas un instant de
son calme, et de sa sérénité. C'est par miracle qu'il ne fut ni
tué, ni blessé, ni fait prisonnier; en récompense de sa belle conduite on lui décerna une médaille avec le ruban de Saint-André
et une autre avec le ruban de Saint-Georges.

Cependant ces affreux souvenirs de bataille le hantaient; c'est
là qu'il connut toutes les atrocités d'une guerre qui a fourni à
son illustre compatriote Léon Tolstoï — alors jeune officier
d'infanterie — des pages si émouvantes. Rempli dès lors d'une
juste horreur pour ces sanglants carnages, il résolut d'aban-

donner la carrière militaire, quelques brillants qu'eussent été
jusque-là ses débuts, et donna sa démission du service pour aller
vivre auprès de sa mère.

Durant ce temps son père était mort octogénaire en 1852,
laissant une fortune considérable en terres et en serfs. Le premier acte d'African Spir, en prenant possession de ses domaines,
fut tout de désintéressement et d'humanité : il affranchit ses serfs[1],
leur fit construire de petites habitations, donna à chacun un
lopin de terre, ainsi que quelque argent. Mais ce n'était pas tout;
leur libérateur devait être aussi leur conseiller et leur appui :
chacun pouvait venir à lui, sûr de n'être jamais repoussé. On
lui apprend, par exemple, qu'un de ses paysans aime une jeune
fille appartenant à un seigneur du voisinage; aussitôt African la
fait acheter, et assure ainsi le bonheur d'un jeune couple. De cet
esprit de charité au sens vrai de l'Évangile, il donna maintes
autres preuves. Un pauvre vint un jour lui demander un vêtement; mais le jeune homme avait déjà tout donné et il ne lui
restait plus qu'une vieille houppelande au fond d'une armoire,
et le veston qu'il portait sur lui. Sans hésiter un instant, il se
dévêtit, donna le veston au mendiant et alla mettre le manteau.

Tant à la campagne qu'en sa petite maison d'Élisabetgrad —
qu'il habitait souvent l'hiver — African Alexandrovich menait
la vie la plus simple et la plus retirée possible; absorbé par les
choses de l'esprit, il n'aimait pas le monde, et si par hasard il
lui arrivait de se trouver dans un salon, il se tenait à l'écart,
fuyant les conversations. Nullement par austérité ou par mélancolie; il était avec ses intimes plein d'entrain et de franche gaîté,
mais sa nature supérieure ne pouvait trouver aucun plaisir aux
amusements frivoles ou oiseux des jeunes gens de son âge.

En 1862 il entreprit un grand voyage à l'étranger; accom-
pagné de son dévoué serviteur Othon, il visita Paris, Londres

---

1. L'affranchissement des serfs n'a été proclamé en Russie qu'en 1861.

Berlin et Leipzig, s'intéressant surtout aux Universités et à l'enseignement de la philosophie. Revenu dans sa solitude de Russie,
après une absence de deux années, il se remit à l'étude avec
une nouvelle ardeur; souvent on le trouvait la plume à la main
absorbé dans quelque manuscrit. Très enthousiaste de Shake-
speare, il en avait même fait, pour son usage personnel, une
traduction complète.

Sur ces entrefaites, de tristes événements surgirent; un
double deuil vint le frapper cruellement. Sa sœur Charitis,
femme du prince Philippe Jewachoff, mourut subitement à la
fleur de l'âge, victime d'un accident. Ce fut pour sa vieille mère
le dernier coup; celle-ci, minée par le chagrin, ne survécut pas
longtemps à sa fille. A. Spir perdait en elle la plus tendre des
mères, la plus aimée et la plus digne de l'être; il ne souffrait
pas seulement dans son affection filiale, il sentait se rompre
d'autres liens plus mystérieux : une secrète affinité d'esprit et
de caractère l'unissait étroitement à cette noble femme; avec
elle disparaissait le vivant objet de sa vénération. Plus rien
désormais ne le retenait à la terre natale. Il avait résolu de consacrer sa vie à la philosophie, de se vouer tout entier à la
recherche désintéressée de la vérité, et afin d'être à même de
suivre le grand courant des idées et d'entrer directement en
contact avec le monde pensant, il prit la résolution de se fixer à
l'étranger.

Après avoir cédé ses terres à un prix dérisoire et distribué la
plus grande partie de sa fortune, il quitta définitivement la
Russie en 1867 et alla habiter Leipzig. Là il vécut dans une
retraite absolue, entouré de ses livres, seul à seul avec sa pensée.
Dans le courant de cette même année, il rédigea son premier
ouvrage, dont il regretta ensuite la publication prématurée. Il
estimait que sa pensée, d'ailleurs gênée dans son expression par
la contrainte d'une langue encore peu familière, n'était pas
exposée avec l'ordre et la clarté voulus.

En voyant assis sur les bancs de l'Université ce jeune homme
à l'air modeste, au regard profond, qui fréquentait assidûment
en qualité d'auditeur les cours de philosophie, personne assurément ne se doutait que cet étranger, inconnu de tous, et qui
n'avait jamais cherché à connaître ni un étudiant ni un professeur,
était un esprit d'élite, qui, rentré dans sa chambre solitaire, tra-
vaillait silencieusement à l'édification d'un système, fruit d'une
longue et intense méditation.

Après avoir remanié la forme de son premier ouvrage, il le
publia, en 1869, sous le titre de : *La recherche de la certitude
dans la connaissance de la réalité*[1]. Il est toujours difficile à un
livre, quand bien même il renfermerait les vérités les plus
hautes, de se frayer un chemin au milieu du flot des publica-
tions, si celui qui l'a conçu et lancé dans le monde est un
inconnu, un étranger surtout. Notre auteur en fit la triste expérience, ne tenant d'ailleurs aucun compte des exigences du
public, qui, quelque lettré qu'il soit, désire qu'on lui soumette
des titres de légitimation ou de recommandation, à défaut de
titres personnels. Bien plus, d'une modestie extrême, il ne
voulait jamais se mettre en évidence, et allait même jusqu'à
refuser de donner les indications biographiques qu'on lui deman-
dait. « Rien n'est plus éloigné de ma pensée — a-t-il écrit un
jour — que de vouloir m'imposer à l'attention d'autrui. Quiconque a reconnu la vanité de l'individualité n'attachera aucun
prix à la gloire. La seule chose qui ait de la valeur, c'est faire
le bien. » Or, Spir croyait agir dans ce but en propageant sa
doctrine, que du reste il ne prétendait pas avoir faite : « Je

---

1. Extrait de la préface (trad.): « Si le présent ouvrage pouvait avoir l'heureux
sort de tomber entre les mains de quelques hommes chez lesquels l'amour de
la vérité ne se traduit pas seulement par des phrases — des hommes qui tiennent
leur pensée ouverte à toutes les connaissances fondées, et qui estiment indigne
d'eux de considérer quelque chose comme vrai, pour la seule raison que cela
leur plaît ou que cela fait déjà l'objet de leurs convictions — alors, je l'espère en
toute confiance, ils ne méconnaîtront pas dans cet ouvrage un esprit qui leur est
apparenté et ils pourront y puiser quelque satisfaction... »

n'en suis pas l'auteur, disait-il, je ne l'ai pas faite; bien au contraire, c'est elle qui m'a fait ce que je suis, et m'a appris à penser.
Je n'ai été pour ainsi dire que le sol où elle a germé, s'est développée d'elle-même, a grandi peu à peu, avec une lenteur
extrême, dans le cours de longues années. » Aussi estimait-il
qu'on pouvait s'intéresser à cette doctrine sans s'occuper de sa
personne.

D'autre part ses idées, par cela même qu'elles étaient nouvelles, allaient nécessairement se trouver en conflit avec les
opinions régnantes et préconçues, conflit qui se prolongea d'ailleurs pendant toute la vie de l'auteur de *Pensée et Réalité*. Le
fils devait connaître les souffrances du père. Celui-ci avait cru
apporter aux hommes le secret de la santé du corps en leur
indiquant les principes d'une vie plus convenable à leur nature
physique; celui-là leur apportait le secret plus précieux encore,
du salut de l'âme en leur révélant le principe fondamental de
leur nature morale : ni l'un ni l'autre ne devaient être entendus...
« Si un homme s'avise d'apporter quelque chose de nouveau
qui soit en contradiction avec le crédo que nous professons
depuis des années, on fait tout pour l'opprimer... et ainsi une
nouvelle vérité peut parfois attendre longtemps avant de se
faire jour [1]. »

Bien que ses premiers travaux n'eussent pas attiré toute l'attention qu'ils méritaient, ils n'en avaient pas moins été
remarqués dans le monde philosophique. Des revues allemandes
en avaient donné les premières analyses [2]. Mais il ne se trouvait
personne qui osât se déclarer hautement partisan de ces théories,
dont on ne pouvait méconnaître cependant le caractère essentiel, la puissance créatrice. D'ailleurs il n'y a là rien que d'assez
naturel. «... Plus une œuvre est appelée à faire réfléchir et à

1. Goethe, *Gespräche mit Eckermann*, III, 22, Leipzig.
2. Les premiers comptes rendus français parurent dans la *Revue de théologie et
de philosophie*, Lausanne, 1878, la *Critique philosophique*, 1878, et la *Revue philosophique*, 1879.

durer, plus il lui faudra de temps pour être pénétrée et comprise, par le fait qu'elle se trouve au moment de son éclosion trop en avance sur l'esprit dominant et appartient encore à une époque future » [1]. Il est néanmoins regrettable que A. Spir n'ait jamais cherché dans sa jeunesse à entrer en relation avec des savants : en s'imposant à leur attention, en soulevant la discussion, il eût pu faire beaucoup pour les idées qu'il tenait à propager. Mais il avait à la fois trop de dignité et de réserve pour solliciter une protection ou une approbation qui auraient pu sembler intéressées. Pas plus que la richesse, la renommée n'avait de prix à ses yeux, et il était peu sensible aux honneurs. Un jour, une lettre de son éditeur lui annonce l'intérêt qu'une grande dame de Berlin portait à ses œuvres, à sa personne, et lui dit que selon toute apparence cette inconnue devait être la princesse héritière — aujourd'hui impératrice douairière — qui, très distinguée et lettrée, aimait la compagnie des hommes de pensée et encourageait leurs travaux ; mais il ne semble pas que notre philosophe ait attaché quelque importance à la nouvelle de cette distinction.

Tout ce qu'embrasse la connaissance humaine l'intéressait au même titre : science, histoire, morale, économie sociale, rien ne lui était étranger. Dans une brochure publiée en 1869 et intitulée *Vorschlag an die Freunde einer vernünftigen Lebensführung* il laisse entrevoir sa conception de la vie au point de vue social. A la suite de Lessing, qui dans une de ses lettres déplore qu'il n'y ait pas de monastères protestants, où le célibataire puisse trouver, au lieu de l'isolement un foyer, presque une famille, et vivre d'une vie spirituelle, tout en poursuivant ses occupations particulières, notre auteur — estimant qu'il y avait là une idée « vraiment digne d'être étudiée et mise en pratique » — élabora tout un plan de vie commune entre

1. Schopenhauer, *Parerga Paralipomena*, I, p. 372.

hommes possédant une certaine culture d'esprit, du bon sens et
de la raison, et qui, soit par inclination, soit pour d'autres
motifs, ont renoncé au mariage. Lui-même était très disposé à
faire partie d'une pareille congrégation, mais son appel ne
réunissant pas un nombre suffisant d'adeptes, elle ne put être
organisée. Peut-être aurait-il réitéré cette tentative sans une
circonstance imprévue, qui allait changer les conditions de son
existence.

Ayant fait la connaissance d'une jeune fille qui lui parut
digne de toute sa sympathie, il l'épousa en 1872 à Stuttgart, où
dès lors il se fixa. Il y poursuivit ses travaux et fit paraître suc-
cessivement, à partir de 1873, les quatre volumes qui, réunis
plus tard en série, forment l'exposé complet et précis de toute
sa doctrine philosophique, les *Gesammelte Schriften*[1]. Les deux
premiers volumes contiennent la partie métaphysique, « la loi
de la pensée » et le « monde de l'expérience. » Le troisième
volume traite de la vie morale, de la religion et du droit; le
quatrième est consacré à des articles sur divers sujets et à des
pensées.

Il peut sembler étonnant de voir que, malgré sa modestie et le
peu de cas qu'il faisait de sa personne, A. Spir se soit montré si
confiant dans la valeur de sa doctrine. C'est que l'homme qui
peut se croire parvenu à une connaissance vraie, a conscience
de sa supériorité et s'élève par ce fait au-dessus de son éphé-
mère individualité. Aussi est-ce avec une entière conviction et
une pleine sincérité qu'il s'en prend à lui seul, à sa propre
insuffisance, du faible retentissement de son œuvre : « Il n'y a
jamais eu, écrivait-il à un ami, une telle disproportion entre
l'homme et son œuvre, et ce qui est le plus triste, c'est que
l'une doit pâtir pour l'incapacité et la faiblesse de l'autre. Un

---

1. Gesammelte Schriften : I et II, *Denken und Wirklichkeit.* — III, *Moralität
und Religion; Recht und Unrecht.* — IV, *Schriften vermischten Inhalts* (les nouveaux éditeurs ont changé ce dernier titre en celui de *Philosophische Essays*).

homme plus capable, en possession de cette doctrine, aurait
déjà remué le monde ». Et certes, il tenait au triomphe de sa
doctrine non par amour-propre, mais précisément parce qu'il y
voyait l'expression de la vérité, ne s'estimant que le dépositaire
de cette vérité qu'il considérait comme un devoir de répandre,
car « la vraie connaissance est quelque chose d'impersonnel,
d'universel et concerne les plus hauts intérêts du genre humain »[1].
Quelle que fût la patience dont était capable l'auteur de *Pensée
et Réalité*, il n'en souffrait pas moins des objections que l'on
faisait à ses théories sans les avoir approfondies, — non qu'il
redoutât les critiques et les discussions fondées; mais le jugement superficiel d'une doctrine qu'il savait mériter un sérieux
examen lui était particulièrement pénible. A ceux qui s'intéres-
saient à ses écrits et qui cependant étaient rebutés par des obs-
curités ou des difficultés il eût voulu rappeler le mot de Socrate
jugeant Héraclite : « Il y a bien des choses chez lui que je ne
comprends pas, mais celles que je comprends sont bonnes; je
crois donc que celles que je ne comprends pas le sont aussi ».

Sa vie s'écoulait calme, régulière toujours en harmonie avec
ses principes. Cette unité de la pensée et de la conduite, si rare
même chez les philosophes, était pour lui toute naturelle : ce
qu'il enseignait, il le vivait, donnant ainsi plus de force, et
comme plus de réalité à ses préceptes, Ses journées étaient invariablement vouées à la lecture et à la méditation, entrecoupées
seulement par une ou deux promenades qu'il faisait souvent
seul. En 1878 le professeur Andrew D. White, précédemment
attaché d'ambassade à Saint-Pétersbourg — alors en séjour à
Stuttgart, l'accompagna fréquemment dans ses promenades, et
Spir était heureux de pouvoir s'entretenir avec lui des sujets
les plus divers et en particulier de la Russie, sa grande patrie,
qu'il aurait voulue plus libre et plus éclairée, et à laquelle il
souhaitait ardemment un avenir meilleur.

1. *Gesammelte Schriften*, vol. IV, p. 220.

Vers cette époque se place un événement dont les suites
devaient lui être funestes : il tomba malade d'une pneumonie,
qu'une rechute aggrava au point de l'affecter d'une toux chro-
nique qui dès lors ne le quitta plus; il la supporta sans se
plaindre, bien que, lui rendant impossible tout commerce, elle
finît par l'isoler du monde. Il vint alors chercher en Suisse le
climat salutaire qui lui était recommandé et s'établit avec sa
femme et sa petite fille sur les bords du lac Léman, à Lausanne, où il passa cinq années. Là il recommença à travailler
activement, écrivant même parfois au milieu de la nuit quand
les quintes de toux le tenaient éveillé. Mais il lui fallait toujours
pour se mettre à l'œuvre le gré de l'inspiration; il ne pouvait
écrire sur un sujet donné, et enregistrait seulement les idées
au fur et à mesure qu'elles se présentaient à son esprit. Cette
liberté dans la production explique comment, s'il a pu consentir
à plusieurs reprises à donner des articles à des revues philosophiques allemandes, il n'accepta jamais d'en être le collabo-
rateur régulier. — C'est pendant ce séjour à Lausanne qu'il
publia, en 1885, l'édition complète et définitive des *Gesammelte
Schriften*.

A côté de cette vie spirituelle intense, A. Spir vivait aussi la
vie de famille heureuse et tranquille, mais parfois, à ce foyer
où jamais ne régnait la discorde, le trouvait-on attristé et
comme abîmé dans une pensée qui lui serrait le cœur; peut-
être méditait-il alors le mot d'Amiel : « Être méconnu, c'est la
coupe d'amertume et la croix de la vie, c'est la plus cruelle
épreuve réservée aux hommes qui se dévouent... » D'autres
fois encore, de profonds soupirs s'échappaient de sa poitrine :
il souffrait en songeant aux maux et aux douleurs dont est
rempli le monde, à la perversité, à l'égoïsme des hommes si
peu disposés à la recherche du bien, si éloignés pour la plupart de cette vie désintéressée, qui, selon tous les sages, est la
vraie vie humaine.

Ses moments de loisir étaient consacrés à l'éducation de son
enfant, chez laquelle il cherchait avant tout à développer
l'amour du bien et du vrai. Mais il l'élevait peut-être mieux
encore par son exemple. Un jour, sa fille lui ayant demandé
comment il faisait pour ne jamais pécher, il lui répondit que
même l'homme paraissant le meilleur péchait continuellement,
qu'il suffisait d'élever la voix pour commettre un péché. Il était
très sévère pour lui-même et toute sa vie fut un continuel effort
vers une perfection plus haute. Dès sa jeunesse il avait vaincu
les passions malsaines et lutté contre les instincts de la nature
physique, grâce à la conscience qu'il avait de la dignité
humaine et à son amour de la raison. La noblesse de son être
moral se révélait sur toute sa personne, sur sa figure douce
et pâle, sur ce beau front qu'il appuyait volontiers de sa main
fine, dans l'attitude familière de la méditation. Il y avait à la
fois de la délicatesse et de la distinction dans ses manières
en même temps qu'une grande simplicité.

De sa demeure située en dehors de la ville on dominait le
lac et les montagnes, et ce tableau était pour lui une grande
jouissance; il y comparait en pensée les steppes si peu variées
qui avaient tant impressionné son enfance. Artiste dans l'âme,
il avait le sens esthétique très développé, et aimait par dessus
tout la musique, ne se lassant pas d'entendre sa femme lui jouer
ses morceaux favoris. Les chefs-d'œuvre classiques lui produi-
saient une impression extraordinaire, il s'en imprégnait tout
entier et son âme vibrante semblait transportée dans un
monde supra-terrestre dont la musique reflétait en quelque
sorte la sublime beauté.

Comme la lecture était sa plus constante occupation — on se
rappelle que la maladie le condamnait à l'isolement, — Spir se
trouva bientôt au bout des ressources de bibliothèque que Lausanne pouvait lui offrir. Force lui fut donc en 1886 de quitter
sa paisible demeure et d'aller habiter Genève, où il passa les

dernières années de sa vie. Il ne s'absenta qu'une seule fois de
cette ville, pour se rendre à Aoste (dans le Dauphiné) sur l'in-
vitation de M. Penjon, avec lequel il était entré en relation à la
suite d'un compte rendu de *Denken und Wirklichkeit* publié par
le professeur de Lille dans la *Revue philosophique*.

Installé à Genève, Spir put terminer ses *Esquisses de philosophie critique*, qui parurent en 1887[1]. Il s'était donné à tâche
d'exposer sa doctrine en français, mais comme ce premier
volume était trop résumé pour donner une vue d'ensemble de
sa pensée, il chercha à le compléter ensuite par les *Nouvelles
Esquisses*, qui furent publiées après sa mort dans la *Revue de
Métaphysique et de Morale*[2] par les soins de M. Penjon, et que
l'obligeance de M. Xavier Léon nous permet de reproduire
aujourd'hui en volume.

Dès lors il cessa tout à fait d'écrire, croyant avoir dit tout ce
qu'il avait à dire. Pourtant il rédigea encore quelques articles,
dont un sur l'*Immortalité de l'âme*[3], question qui faisait alors
plus particulièrement l'objet de ses réflexions, puis consigna
dans un cahier volumineux, mais à peine rempli au quart, des
pensées détachées, qui sont les dernières lignes que sa plume
ait tracées.

Bien que son état de santé ne se fût pas aggravé, il ne lui
laissait cependant aucun espoir de retourner jamais dans son
pays ; séduit d'autre part, par les institutions libérales et démo-
cratiques de la Suisse, — où il pensait finir ses jours, — A. Spir
conçut le dessein d'acquérir la bourgeoisie de Genève et fit les
démarches nécessaires à ce sujet ; mais lorsque parvint enfin

1. Il vient d'être fait récemment une traduction russe de ces premières
Esquisses, et le comte Léon Tolstoï, désireux de faire connaître en Russie la
philosophie de son compatriote, s'était proposé d'y joindre une préface pour
l'introduire auprès du public. Malheureusement le manuscrit a été retenu à la
censure, où il est encore.
2. *Revue de Métaphysique et de Morale*, 1895-1897.
3. Cet article, qui avait été écrit plus spécialement pour le grand public, a été
ajouté par l'auteur lui-même aux présentes *Esquisses*. Il a paru, en outre, en
traduction dans les *Philos. Monatshefte*, XXX, 5 et 6.

l'acte officiel lui conférant le droit de cité... le philosophe venait
d'expirer.

C'était l'hiver durant lequel l'influenza avait subitement fait
invasion, laissant partout des traces de son sinistre passage.
Lorsque Spir apprit que l'épidémie allait se propager dans la
ville, il ne se fit pas d'illusion et déclara tranquillement que
ça allait en être fait de lui. Sa noire prédiction ne se réalisa que trop. En effet, après sa femme et sa fille, — auxquelles
il prodigua ses soins, — il fut à son tour gagné par la fièvre,
qui marqua le début de la longue et pénible maladie dont il ne
devait plus se relever. Les journées, puis les semaines s'écou-
lèrent lentement, emportant petit à petit toutes ses forces, et son
pauvre corps dépérissait, miné par la fièvre, épuisé par les
accès de toux et les insomnies. Bientôt toutes les fonctions de
l'organisme semblèrent suspendues, hormis celles du cerveau;
seule la pensée restait inaccessible à l'atteinte meurtrière,
l'énergie morale subsistait toujours.

Calme et lucide, le malade regarda sa vie s'éteindre; il vit
se consumer la fragile enveloppe de son être et aurait voulu
analyser les phases de cette destruction matérielle qui, par
degré, poursuivait son œuvre. A plusieurs reprises il désira
écrire, mais sa main était trop faible. Pendant de longues
heures il restait immobile, les paupières closes, et son beau
visage d'une pâleur effrayante, creusé par la souffrance, con-
servait la même expression de sérénité.

Les jours succédèrent aux jours, et la mort à pas lents s'ap-
prochait; quand il la sentit l'effleurer presque, il dit aux siens
d'une voix résignée : « Il est doux de mourir quand on a
accompli sa tâche ici-bas », et son regard, d'une douceur infinie,
restait attaché sur les deux chers êtres qu'il allait quitter; mais
une larme brilla dans ses yeux, lorsque dans un dernier sou-
rire il dit son dernier adieu... Puis en un instant la paralysie
avait envahi sa langue, pendant que continuait terrible et tra-

giquo la lutto entro la vio et la mort. En possession do toute sa connaissanco lo mourant cherchait on vain à so fairo comprendro, il ne put que balbutior; quand soudain, rassemblant toutes ses forces en un suprème effort, il prononça distinctement ces mots : « *Fiat Lux!* » Désormais sa bouche resta muetto, mais son regard parlait encoro...

Enfin lo 26 mars 1890, après deux nuits et un jour do terrible agonie, A. Spir avait cessé do souffrir.

. . .

En essayant do retracer en tête de cotto publication posthumo lo cours do la vie de l'autour, j'ai pensé êtro utilo à ceux qui s'intéressent à ses écrits. Les noticos biographiquos qui avaient paru jusqu'ici — entr'autres celles do MM. Jodl (*Philos. Monalshefte*), Max Müller (*Ninctcenth Century*), Penjon (*Revue de Métaphysique et de Morale*) et Poulovich (*Kievskiy Vestnik*) — étaient forcément incomplètes, et jo m'estimerai heureuso si ce simple récit a pu fairo revivro un instant la figuro aimée do mon père.

HÉLÈNE CLAPARÈDE-SPIR.

Chen-pel, près Genève, novembre 1898.

PRÉFACE

En présentant au public français la première série de ces *Es-quisses*[1], je comptais sur l'amour de la clarté et de la précision qui a toujours caractérisé l'esprit français. Cependant je ne crois pas avoir réussi à me faire comprendre. La cause en est peut-être en ce que ce premier recueil est trop incomplet pour donner une idée suffisante de ma manière de voir. La philosophie de la nature y est trop peu représentée et c'est pour combler cette lacune, dans la mesure de mes forces, que je me suis décidé à publier cette seconde série consacrée plus particulièrement à la philosophie de la nature.

Le lecteur français se sentira avec moi sur un terrain familier quand il saura que je n'ai fait que renouveler la tentative de Descartes de remettre tout en question et de ne reconnaître comme vrai que ce qui se présenterait avec le caractère d'une certitude parfaite. Le procédé qu'il faut employer dans une telle entreprise est tout indiqué à l'avance, car il ne peut y en avoir deux : on doit, en premier lieu, rechercher et constater soigneusement tout ce qui possède une certitude et une évidence immédiate et, ensuite, en déduire les conséquences nécessaires, sans dévier de la voie tracée par la logique. En appliquant cette règle rigoureusement, on aboutit à une doctrine dont chaque partie repose sur le témoignage direct des faits et dont toutes les parties ont entre elles une liaison logique, d'où, comme résultat, la clarté, la certitude et l'harmonie de la pensée.

1. Cette série, publiée en 1887, chez M. Alcan, contient les articles suivants : I. Considérations sur le but et l'objet de la philosophie. — II. Suite du même sujet. — III. De la liberté morale. — IV. Rapports de l'âme et du corps. — V. La vie individuelle et la vie sociale. — V. La norme de la pensée. — Résumé.

A mon grand regret, je n'ai pas pu donner en français une exposition systématique et détaillée de cette doctrine. J'ai dû me borner
à quelques articles détachés, écrits même sans plan d'ensemble, au
gré de l'inspiration du moment. Toutefois, un lecteur attentif de ces
deux séries d'esquisses pourra saisir sans difficulté les points essen-
tiels de ma manière de voir et, entre eux, la liaison logique que je
me suis surtout efforcé de mettre en lumière. Mais il y faut une condition indispensable, c'est de se demander : telle chose est-elle vraie
ou non? ce qui est bien différent de la question : telle chose est-elle
ou n'est-elle pas explicable? Le désir d'expliquer les choses en a bien
souvent empêché et même faussé la connaissance. On me concédera,
du moins, que les procédés qui servent à établir et à constater la
vérité des faits sont indépendants de la question de savoir si ces faits
peuvent être expliqués ou non. On ne m'en voudra donc pas, je l'espère, si je prie le lecteur d'examiner mes affirmations au point de
vue, d'abord et uniquement, de leur vérité ou de leur fausseté. Il les
examinera ensuite, si cela lui convient, à d'autres points de vue.

Il s'agit cependant ici d'une question si importante que je crois
devoir ajouter encore quelques remarques. Le plus grand reproche
qu'on ait fait à ma doctrine c'est qu'elle reconnaît dans la réalité
un *dualisme* et qu'elle nie la possibilité d'une explication métaphysique des choses. Je répondrai à cela qu'on doit nécessairement choisir entre ces deux buts : la connaissance vraie, ou l'explication métaphysique de ce qui est. Si l'on se propose le premier
but, sans s'en laisser distraire par aucune considération, on
peut parvenir à connaître les choses telles qu'elles sont réellement,
à comprendre la loi fondamentale de la pensée et à découvrir la base
rationnelle de la morale et de la religion. Mais on doit alors renoncer
à l'explication métaphysique des choses, parce que l'on constate une
opposition absolue entre la norme et l'anomalie et, par conséquent,
l'impossibilité absolue de déduire celle-ci de celle-là. Si l'on préfère
au contraire se proposer l'autre but, on se jette sur un semblant quelconque d'explication qui donne à l'esprit une satisfaction purement
imaginaire. Et encore à quel prix obtient-on cette satisfaction? En
faussant la vue des choses, en méconnaissant la loi de sa propre
pensée, et en privant de tout fondement rationnel la religion et la
morale!

La vraie connaissance des choses ne peut être acquise sans la conscience élémentaire qu'il y a une opposition absolue entre le vrai et

le faux, entre le bien et le mal, et cette opposition exclut nécessairement le *Monisme*. Sans cette opposition, l'on ne pourrait rien nier,
rien condamner; aucun jugement, ni logique, ni moral, ne serait
possible. En fait, tout homme juge, affirme et nie, condamne et loue
parce que tout homme suppose, d'une manière inconsciente, une
opposition absolue entre le vrai et le faux, entre le bien et le mal.
Ce manque d'une conscience claire n'a pas même empêché la constitution de toutes les sciences, la philosophie exceptée, la science
des premiers principes. En philosophie, en effet, quand on méconn-
naît les premiers principes de tous les jugements, on tombe de toute
nécessité dans une confusion inextricable. Mais comme la plupart
des hommes se meuvent dans les contradictions logiques avec une
aisance parfaite, comme la contradiction logique est même, pour
ainsi dire, leur élément naturel, ils ne se doutent pas de la confusion
qui règne dans leur esprit. J'espère en fournir des preuves suffi-
santes dans les articles qui suivent.

Quant à moi, j'ai recherché la certitude, rien que la certitude, à
quelque prix que ce fût. Car je vois que hors de là il n'y a point de
salut pour l'humanité. Sans la connaissance vraie des choses l'humanité ne peut remplir sa mission ici-bas, ni parvenir à la maturité
d'esprit et à l'empire sur soi-même et sur ses destinées.

                                                    A. S.

Genève, 1883.

SECONDE PRÉFACE [1]

————

Le but essentiel de cette publication est d'élucider le principe sur lequel reposent la distinction du vrai et du faux et celle du bien et du mal.

On comprendra aisément que si ce principe était établi, l'humanité aurait atteint le dernier terme de son développement intellectuel. On lit dans la Bible que le premier homme a mangé le fruit de l'arbre de la connaissance du bien et du mal dans l'espoir de devenir par là l'égal des dieux. La connaissance ou la distinction entre le bien et le mal, entre le vrai et le faux ne rend pas l'homme égal aux dieux, mais elle l'élève au-dessus de l'animalité, en général, au-dessus de la nature physique, et le fait en quelque sorte participer à la nature divine. Distinguer le vrai du faux, et le bien du mal, c'est juger suivant une norme rationnelle, c'est faire acte d'être raisonnable et moral, supérieur à tout ce qui est simplement physique. Mais quelle est cette norme, quel est le fondement de tous les jugements logiques et moraux, voilà ce que l'on n'a pas découvert jusqu'à présent. Ne semble-t-il pas surprenant, à première vue, qu'une connaissance si importante et dont les commencements remontent aux temps préhistoriques ne soit pas parvenue à son entier développement jusqu'à nos jours? Que dis-je, il s'est même produit de nos jours un recul sous ce rapport; les progrès des sciences physiques ne contribuent-ils pas à faire oublier et méconnaître aux hommes leur supériorité sur la nature physique? La tendance qui prévaut de plus en plus aujourd'hui est de considérer l'homme comme un simple animal ou comme une machine.

1. Cette préface, que l'auteur a écrite peu de temps avant sa mort, était destinée à remplacer la première; nous avons cru cependant devoir les reproduire ici toutes les deux.   H. C.

Ainsi, par une étrange fatalité, les progrès que l'humanité a fait dans un domaine important de connaissances, au lieu d'exalter la conscience des hommes, les conduisent, au contraire, à s'assimiler aux bêtes. Heureusement nous pouvons être sauvés de cette dégradation par la connaissance du principe sur lequel repose la distinction du vrai et du faux, du bien et du mal. Mais pour arriver à cette connaissance suprême, il faut connaître les choses de ce monde comme elles sont en réalité, et non seulement en apparence, et pour cela entreprendre l'analyse et l'interprétation logiquement valide des faits. C'est ce que j'ai tenté dans les trois premiers articles de ces *Nouvelles Esquisses*, tandis que le quatrième et le cinquième sont consacrés à élucider le principe dont j'ai parlé plus haut, et ses conséquences logiques en matière d'ontologie, de morale et de religion ; un appendice contient la récapitulation des points principaux de la doctrine exposée dans cet ouvrage. Je ne voudrais ajouter ici que quelques observations préliminaires sur la nature de la pensée ou de l'intelligence et montrer ce qu'il faut entendre par la norme ou loi fondamentale de la pensée.

On a beaucoup étudié, dans ces derniers temps, la nature de l'homme, et nos psychologues modernes, doublés de physiologistes, croient l'avoir scrutée jusqu'au fond. Mais en réalité, voici où en sont les choses. Si l'on ignore le principe sur lequel repose la distinction du vrai et du faux, du bien et du mal, on ne peut savoir quoi que ce soit de la pensée ou de l'intelligence, de la volonté, de la personnalité humaine, du moi conscient. On n'étudie que la partie physique de l'homme, et l'on croit connaître l'homme tout entier ; c'est à peu près comme si quelqu'un croyait connaître l'*Iliade* qui n'en aurait saisi que le sens grammatical. Mais la nature de l'intelligence est encore ce que l'on méconnaît le plus ; la plupart des psychologues modernes regardent volontiers la pensée comme une fonction physique, analogue à toutes les autres ; ils considèrent l'idée ou la représentation comme une simple reproduction affaiblie de la sensation. Or, rien n'est plus éloigné de la vérité. L'intelligence, il est vrai, a aussi une nature physique ; les idées sont, par un côté, des phénomènes semblables aux autres, qui naissent et se succèdent dans le temps suivant des lois physiques, celles de l'association. Mais ce n'est là que l'écorce de la chose. La nature propre de la pensée ou de l'intelligence est, non pas physique, mais logique. La fonction distinctive de l'intelligence consiste en ceci : croire et se refuser à croire, affirmer et

nier, en un mot, juger, et cette fonction n'a point d'analogue dans
le monde physique. Aussi les lois propres ou normales de la pensée
ne sont pas physiques, mais logiques, ne sont pas des uniformités
de simple succession, ou de coexistence dans le temps, mais des
principes de jugements, des nécessités de croire ou de ne pas croire,
d'affirmer ou de nier. Aussi la loi fondamentale de la pensée est-elle,
comme on le verra, une notion supérieure des choses qui n'a pu être
puisée dans l'expérience, la notion de l'absolu, alors que l'expérience
ne renferme rien d'absolu. C'est là l'idée-mère de la philosophie,
celle qui sert de base et de ciment à toutes les autres.

Il me reste encore à prévenir le lecteur que, malgré sa simplicité
et son évidence, peut-être même parfois à cause de cette simplicité,
de cette évidence, la doctrine dont ce volume contient l'exposé n'est
pas facile à comprendre ; cette difficulté s'explique par la nature des
choses de ce monde qui projettent une grande confusion dans la
pensée humaine.

Genève, 3 janvier 1890.

A. S.

NOUVELLES ESQUISSES

DE

PHILOSOPHIE CRITIQUE

I

DE LA NATURE DES CHOSES

« S'étonner, c'est le commencement de la philosophie », a dit Platon ; or les raisons de s'étonner, en ce monde, ne manquent pas. Ce qui frappe d'abord le spectateur qui le considère, c'est sa grandeur et la prodigieuse diversité des objets qu'il renferme. La terre qui nous porte et dont nous sommes issus par le corps, n'est qu'un point dans l'immensité de l'univers; à la distance d'Uranus ou de Neptune, elle ne serait plus visible à l'œil nu, et en dehors de notre système solaire, elle ne compte plus, pour ainsi dire. L'homme n'est à son tour que comme un point sur la terre; à la distance de quelques kilomètres il cesse d'être perceptible, et un rien suffit pour le faire périr. Comment ne se sentirait-il pas écrasé par la contemplation du monde? Cependant on remarque, en y regardant de plus près, que la disproportion n'est pas en réalité aussi grande qu'elle le semble à première vue. Si petit que l'homme paraisse, il n'en a pas moins mesuré les espaces célestes, pesé les astres et calculé leurs mouvements; la grandeur matérielle n'est donc pas de nature à lui en imposer. Bien au contraire, il porte en lui de quoi s'élever au-dessus de toute chose mesurable et matérielle : c'est le sentiment qu'une grandeur quantitative est toujours relative, que ce qui paraît

1

grand à un point de vue peut paraître petit à un autre, en sorte que l'univers se trouve, en un sens, moins grand que l'homme qui l'observe et le juge. Dira-t-on, en effet, que cet univers est infini? Cette expression n'a pas de sens; car l'infini véritable réside uniquement dans la notion que toute grandeur donnée peut être augmentée et que cette augmentation peut être continuée sans fin, c'est-à-dire qu'aucune grandeur donnée ne peut être infinie. Si donc il y a un infini quelque part, c'est dans la pensée de l'homme, et non dans l'univers physique.

Il en est de même pour l'autre motif d'étonnement : la diversité des choses de ce monde. Quelque multiples et diverses qu'elles soient, toutes ces choses ne se laissent pas moins ramener à deux types généraux : le corps et le moi, ce dernier étant aussi désigné sous le nom d'esprit ou de sujet connaissant; en d'autres termes, il n'y a, dans ce monde, que des corps dans l'espace, d'une part, et, de l'autre, des êtres semblables à nous, qui sentent, qui veulent et qui pensent d'une manière plus ou moins parfaite, ou plutôt imparfaite. Et quand on regarde à quoi tient cette différence ou dualité fondamentale, on voit qu'elle a sa cause dans le fait que nous avons deux genres d'expériences, l'une intérieure et l'autre extérieure. Les corps ne sont, à le bien prendre, que des objets extérieurs à nous, autres que nous. Aussi la diversité de ces corps, si grande en apparence, s'évanouit-elle à l'examen : tout ce que nous savons du monde extérieur se réduit à nos propres sensations de lumière et de couleurs, de sons, d'odeurs, de saveurs, d'impressions tactiles et musculaires. C'est un contenu que nous portons en nous-mêmes et que nous retrouvons par conséquent toujours et partout; partout et toujours, en effet, nous ne pouvons percevoir que ces mêmes sensations.

Ces considérations préliminaires suffisent déjà pour suggérer la pensée que l'homme ou, en général, le sujet connaissant n'est pas, en ce monde, un agent aussi insignifiant qu'il le paraît au premier abord. S'ensuit-il q .'il n'y ait plus de raisons de s'étonner? Bien loin de là; seulement les vraies raisons d'étonnement sont d'une autre nature. Le vrai motif de surprise n'est pas la supériorité, mais au contraire l'infériorité de ce monde en comparaison de notre pensée; ce n'est pas son immensité ou sa diversité, mais le grand nombre d'anomalies qu'il présente. Si le monde où nous vivons est incompréhensible ou inexplicable, ce n'est pas parce qu'il est trop vaste ou trop varié, mais parce qu'il est rempli de mal, parce qu'il repose sur une simple apparence, en un mot, parce qu'il renferme des choses qui ne devraient pas être ou qui n'ont pas le droit d'exister. C'est là le motif d'un étonnement vraiment philosophique.

Les animaux ne s'étonnent de rien, si ce n'est de quelque apparition imprévue et insolite ; ils ne sentent pas le besoin d'expliquer les choses. Les hommes incultes ne s'étonnent aussi qu'à la vue de ce qui est rare ou extraordinaire. Ce qui leur est familier, ils ne s'en émerveillent point, non pas parce qu'à la manière des animaux ils ne sentent pas le besoin d'expliquer les choses, mais parce qu'ils se satisfont avec les explications qu'ils ont trouvées à peu de frais ou qu'ont inventées leurs ancêtres ; leurs systèmes d'explication constituent les mythologies. On peut dire, d'une manière générale, que plus un homme est facile à contenter en fait d'explications, moins il possède le véritable esprit philosophique, et moins il se doute de la véritable nature des choses. Quand on a, au contraire, une vue tout à fait claire de cette nature, on peut se convaincre qu'elle n'est pas susceptible d'être expliquée. Aussi le vrai but de la philosophie est-il non pas d'expliquer les choses, mais de les constater seulement, telles qu'elles sont en réalité. C'est pourquoi, dans les pages qui suivent, je m'efforcerai d'atteindre à une exacte constatation des faits et des conséquences logiques qui en découlent.

I

Si un chimiste prend une goutte d'eau de mer et l'analyse, il peut arriver par là à connaître la composition de la mer tout entière. De même, en analysant quelques faits bien choisis, il est possible de découvrir la nature ou la constitution des choses de ce monde en général. Le phénomène de la vision nous offre l'exemple d'un de ces faits caractéristiques. Analysons-le.

Nous avons deux yeux et chaque œil voit les objets séparément. Il y a donc toujours deux impressions visuelles quand nous voyons un objet, les deux yeux ouverts et dans les conditions normales ; néanmoins nous voyons d'ordinaire les objets simples, sans dédoublement. La dualité des sensations ou impressions visuelles est comme supprimée par la conviction de l'esprit que l'objet, qui est double pour le sens de la vue, est un ou simple pour le sens du toucher qui donne des informations plus sûres. Ce fait qu'il y a toujours

deux impressions dans la vision d'un objet devient encore plus évident par l'emploi du stéréoscope. On place deux images dans le
stéréoscope et l'on n'en voit qu'une. On objectera, peut-être, que les
deux sensations se fondent en une seule quand nos yeux sont
impressionnés d'une certaine façon, conforme à la vision habituelle.
Il importe donc de mettre la dualité des sensations visuelles hors de
doute, et il existe heureusement un fait qui nous permet d'acquérir
sur ce point une certitude parfaite.

Un mélange de couleur blanche et de couleur noire donne la couleur grise; quand on peint la moitié d'un cercle en blanc et l'autre
en noir et qu'on le fait tourner rapidement, on voit un cercle gris.
Si donc on peignait une des images du stéréoscope en blanc et l'autre
en noir, et que les sensations se fondissent en une seule, on aurait
une image grise; or l'expérience montre qu'il n'en est pas ainsi; on
a alors, en effet, au lieu d'une image grise, une image brillante
alors même que le papier est terne et rugueux [1]. Cette expérience
met hors de doute que, quand nous voyons un seul objet avec les
deux yeux, il y a toujours deux impressions visuelles distinctes qui
ne se fondent jamais ensemble, mais dont la dualité est comme supprimée pour notre conscience, en sorte qu'elle est pour nous comme
si elle n'était pas. Or de ce fait découlent évidemment les conclusions
suivantes :

1° Il y a dans la perception deux choses : les sensations et la conscience ou l'idée que nous avons de ces sensations. Les sensations
sont donc des objets réels et distincts des idées que nous en avons.

2° Il existe entre nos sensations et notre idée, ou notre manière
de les percevoir, un *désaccord logique*, puisque deux sensations
visuelles en nous apparaissent comme un seul objet hors de nous.

Mais en considérant les choses de plus près, nous constatons que
sur ce désaccord logique entre nos sensations et leur perception,
intervient un accord que j'appellerai *organique*. Nous voyons, en
effet, que les deux impressions distinctes que nous avons d'un objet
rapproché nous donnent l'impression immédiate de sa corporéité et
en rendent possible la vision stéréométrique.

C'est encore l'emploi du stéréoscope qui nous sert à éclaircir ce
fait. On met dans le stéréoscope deux images planes, dépourvues de
relief, et l'on y voit une seule image, une image en relief. La dualité

1. V. Helmholtz, *Populäre Wissenchaftliche Vorträge*, 2ᵉ Heft, p. 80.

des images, quoique supprimée pour notre conscience, contribue à produire l'impression du relief ou de la corporéité. Les sensations des deux yeux sont organisées de manière à produire la vue d'un seul objet matériel ou stéréométrique ; en d'autres termes, il y a un accord organique entre nos sensations visuelles et notre manière de les percevoir comme des corps dans l'espace.

La vision présente encore un fait bien caractéristique de même genre ; il faut aussi le prendre en considération. Les objets que nous voyons paraissent plus ou moins grands suivant la distance où ils se trouvent par rapport à nous. Et nous trouvons encore ici un désaccord logique et un accord organique entre les objets de notre vision et notre manière de les voir.

Si ce que nous voyons était réellement un corps dans l'espace, ce corps, conservant la même grandeur à toutes les distances, devrait nous paraître en soi partout également grand. Car si l'on perçoit vraiment un objet, on le perçoit tel qu'il est et l'on doit, par conséquent, le voir avec la même dimension tant qu'il conserve la même dimension. Le fait que les corps, au contraire, nous paraissent plus ou moins grands suivant la distance prouve donc en toute évidence que nous voyons réellement non des corps, mais nos propres impressions qui nous apparaissent comme des corps dans l'espace, et qu'il y a par conséquent un désaccord logique entre les objets véritables de notre vision et notre manière de les voir.

Mais ici encore, sur ce désaccord logique entre les objets et la perception de ces objets, intervient un accord organique ; c'est précisément, en effet, la variation dans la grandeur des objets vus qui sert à en déterminer la distance et la position dans l'espace. Ce fait est tellement propre à dérouter l'esprit, que même des penseurs assez clairvoyants — comme Reid et ses disciples, entre autres Hamilton — en ont tiré la preuve que nous voyons, en vérité, directement les corps situés hors de nous. Mais cette opinion est condamnée par tous les autres philosophes, aujourd'hui où l'on sait que les sensations visuelles sont produites non par des corps situés hors de nous, mais uniquement par des affections des nerfs optiques eux-mêmes.

Nous avons une preuve expérimentale fort simple de ce fait, c'est que nos impressions visuelles peuvent être modifiées par une action exercée sur nos yeux. On n'a qu'à faire subir une pression à l'œil, et tout le champ de la vision se déplace. Il s'ensuit évidemment que ce

que nous voyons ce n'est pas un monde d'objets extérieurs qui ne
pourraient pas être déplacés par une pression exercée sur l'œil, ce
sont nos propres sensations visuelles. Aussi les penseurs de notre
temps sont-ils disposés à croire que nos sensations visuelles sont de
simples effets, de simples signes des objets extérieurs et que ces
objets ne peuvent qu'être inférés de leurs effets. Mais cette manière
de voir est elle-même trop évidemment contraire aux faits pour que
nous puissions l'admettre.

La vérité est que nos sensations visuelles sont organisées de
manière à nous apparaître en même temps comme des corps et
comme des effets, des signes des corps; cette ambiguïté est le
triomphe de l'apparence naturelle, et c'est seulement en la pénétrant qu'on peut véritablement s'élever au-dessus de cette apparence.

Bien que nos sensations soient organisées de manière à pouvoir
être perçues comme des corps dans l'espace, comme des substances,
elles ne sont ni des substances ni des corps, et pour se les représenter comme des corps ou des substances notre esprit doit y mettre
beaucoup du sien. Aussi, à la réflexion, apparaissent-elles comme
fort différentes de ce qu'elles semblent être, et l'on est alors
conduit à supposer qu'elles ne sont que des signes à l'interprétation
desquels nous devons en définitive la connaissance des corps. Il est
aisé de voir combien cette supposition est fausse. Si, en effet, les
corps ne pouvaient être perçus immédiatement, s'ils nous étaient,
par conséquent, inconnus en soi, aucune interprétation de leurs
effets pris pour signes ne pourrait jamais nous les faire connaître.
Les sensations ne pourraient être pour nous les signes des objets
extérieurs, et nous ne pourrions conclure des uns aux autres, que
si nous connaissions les rapports de nos sensations avec les objets
extérieurs, et pour connaître ces rapports il faudrait évidemment
connaître les objets extérieurs eux-mêmes. Sans cela, en regardant
même comme vraie l'opinion que nos sensations sont produites par
des objets extérieurs, qu'elles sont, en ce sens, des signes de ces
objets, ces signes ne seraient pour nous que comme les caractères
d'une langue inconnue, d'une langue dont nous n'aurions pas la clé;
aucune interprétation n'en serait possible et l'existence du monde
extérieur ne serait pour nous que la plus vague et la plus incertaine
des hypothèses. Mais, en réalité, il en est tout autrement : nos sensations sont des signes de ces mêmes corps que nous percevons dans

nos sensations. Le fait que les corps nous paraissent plus ou moins grands suivant la distance en est la preuve manifeste; la grandeur perçue par la vue est un signe de la distance des corps uniquement parce que nous percevons par la vue les corps eux-mêmes et immédiatement aux lieux précis qu'ils occupent dans l'espace. Nos sensations visuelles nous apparaissent donc en même temps comme les corps eux-mêmes et comme de simples signes des corps. C'est pourquoi les uns croient, comme Reid, que nous percevons immédiatement les corps mêmes, tandis que d'autres croient, au contraire, que notre perception immédiate nous fournit seulement des signes. Ces deux croyances sont à la fois vraies et fausses; on a, des deux côtés, tort et raison.

Pour mieux nous faire entendre sur ce point décisif, considérons un objet particulier, par exemple, le soleil. Nous voyons le soleil lui-même, ce même soleil qui est éloigné de nous de tant de millions de lieues, car nous voyons tous le même soleil et l'on a pu mesurer la distance qui le sépare de la terre. Mais, en même temps, ce que nous voyons c'est seulement un disque lumineux, assez petit, qui ne peut être que le signe de l'astre immense et si prodigieusement éloigné; le soleil est donc à la fois perçu et inféré. Et voici une preuve bien claire de la vérité de cette assertion : la distance qui nous sépare du soleil ne peut être qu'inférée, elle ne peut pas être perçue immédiatement; mais nous ne pouvons l'inférer que parce que nous voyons le soleil immédiatement au lieu précis qu'il occupe dans l'espace; pour inférer, en effet, la distance du soleil, il faut mesurer sa parallaxe qui a son point de départ dans le soleil lui-même. Cependant nous pouvons constater expérimentalement que ce que nous voyons sous le nom de soleil est une simple sensation visuelle, puisque toute action exercée sur nos yeux modifie notre vision du soleil. Il faut donc reconnaître que nos sensations visuelles sont organisées de manière à apparaître en même temps comme des corps et comme de simples effets, de simples signes des corps. Si la sensation que nous avons du soleil est pour nous un signe du soleil, si nous pouvons en inférer la grandeur, la distance et les autres qualités de cet astre, c'est uniquement parce que, dans notre sensation, nous percevons immédiatement le soleil lui-même au lieu précis qu'il occupe dans l'espace.

En somme, s'il y a un désaccord logique entre nos sensations et notre manière de les percevoir comme des corps dans l'espace, et si ce désaccord ne peut réellement pas être supprimé, il y a cependant un accord organique entre ces mêmes sensations et notre façon de les percevoir; j'entends par là que nos sensations sont organisées de telle sorte que nous pouvons reconnaître en elles un monde des corps, le même pour tous les sujets connaissants, et invariable dans ses éléments primordiaux; ni la quantité, en effet, ni la nature de la matière ne sont sujettes au changement. Cette organisation implique un accord entre les sensations des différents sens, tel que les sensations d'un sens nous servent de signes des expériences que nous avons faites avec un autre sens; les sensations de la vue, notamment, sont des signes des expériences faites par le toucher.

Le toucher paraît être le sens du solide par excellence; pour la plupart des esprits, c'est lui qui fournit, de la réalité d'un monde extérieur, la preuve irrécusable que la vue seule semble incapable de donner. Tout le monde, en effet, comprend qu'il y a quelque chose de louche dans le fait que nous pouvons voir et, par conséquent, atteindre et, pour ainsi dire, palper immédiatement d'une manière quelconque des corps situés loin de nous, à plusieurs kilomètres, et même à des milliers et à des millions de lieues. Par la vue, nous sortons de nous-mêmes et voyageons dans l'espace tout en restant où nous sommes, ce qui est logiquement contradictoire et fait que la vision toute seule ne peut pas prétendre à une vérité absolue. On a recours alors au toucher; les données de la vue, dit-on, sont contrôlées et corroborées par les indications de ce sens qui est bien autrement sûr. Les objets que nous voyons, nous pouvons aussi, dans bien des cas, les toucher, et là se trouve le critérium infaillible de leur réalité objective. Une réflexion très simple suffit pour faire évanouir cette solidité apparente des données du toucher.

Qu'est-ce qui entre en contact avec les corps? La main, et, en général, l'épiderme. Et où est le siège de la sensation et de la perception du contact? Dans le cerveau. On ne peut donc pas dire que *nous* touchons les corps, car autre chose est ce qui les touche et autre chose ce qui sent et perçoit l'attouchement. Si même la main pouvait recevoir des empreintes immédiates des qualités propres et authentiques des corps, elle ne pourrait pas les transmettre à la perception, parce que les qualités des corps ne peuvent pas, pour ainsi dire, se promener en dehors des corps. Le fait vrai est donc que le sens du toucher ne nous fournit, comme tous nos autres sens, que de simples sensations. Mais le fait apparent est que le

toucher nous fait connaître les corps eux-mêmes; l'attouchement
d'un objet par la main nous donne l'intuition immédiate de sa figure,
de sa grandeur, de sa consistance, de l'état de sa surface. On voit
que pour le toucher comme pour la vue, ce sont nos propres sensations qui nous apparaissent en manière de corps dans l'espace.

Il y en a encore une autre preuve décisive; c'est que le sens du
toucher est comme tous les autres, lui aussi, sujet aux illusions et
aux hallucinations. Je n'en citerai que l'exemple le plus simple et le
plus connu; si l'on touche une petite boule avec deux doigts croisés,
on sent distinctement deux boules au lieu d'une. Comme il n'y a
qu'une boule, il est évident que ce sont nos propres sensations tactiles qui nous apparaissent comme deux boules dans l'espace.

Mais l'ambiguïté que nous avons constatée à propos de la vue,
prend un caractère encore plus subtil dans le toucher. En effet, il y
a encore moins de ressemblance entre nos sensations tactiles ou
musculaires et les corps que nous connaissons par leur moyen
qu'entre les sensations visuelles et les corps vus. La vue nous
apprend presque immédiatement la figure des corps; la lumière et
les couleurs que nous voyons sont aussi des qualités des corps vus
eux-mêmes, quoique la science physique soit obligée de le nier [1];
mais les sensations tactiles et musculaires ont un caractère si peu
prononcé et ressemblent si peu en elles-mêmes à des substances —
bien qu'elles soient en réalité très propres à être représentées comme
étendues dans l'espace, — que, pour la plupart des théoriciens,
elles sont de simples effets des objets extérieurs, des signes dont
l'interprétation par l'esprit nous donne la connaissance des corps.

Mais les philosophes et les savants qui admettent cette manière de

---

1. C'est une nécessité bien fâcheuse pour la science physique que l'obligation
d'enseigner que les corps sont invisibles en soi, que la lumière et les couleurs
ne sont pas des propriétés, ne sont pas même des effets immédiats des corps
situés en dehors de notre organisme, mais qu'elles sont produites par l'action
des nerfs optiques, alors que, en fait, la science physique n'existerait pas si
nous ne voyions pas directement, comme je l'ai montré plus haut en me servant
de l'exemple du soleil, les choses même éloignées. Mais cette contradiction
logique tient à la nature illusoire de nos perceptions et ne peut être éliminée
ni de l'expérience ni de la science expérimentale. On l'a dissimulée sous une
ambiguïté de langage, en donnant le nom de *lumière* non seulement à la
lumière que nous voyons et qui est notre propre sensation, mais aussi au
mouvement vibratoire de l'éther, qui n'a en soi rien de lumineux, et qui cause
l'excitation des nerfs optiques par laquelle est produite en nous la sensation de
lumière. La vérité, et une vérité incontestable, est que nous voyons toutes
choses par la lumière intérieure, et que la lumière extérieure ne pourrait rien
rendre visible, même si elle était lumineuse, ce qui n'est pas le cas.

voir n'ont pas assez bien examiné les faits. D'après leur hypothèse, les corps que nous touchons de nos mains nous seraient inconnus en soi; ils seraient situés en dehors de notre expérience; nous n'en connaîtrions jamais que les effets en nous. Notre propre corps, qui est exactement de même nature que les autres corps, nous serait donc inconnu en soi, lui aussi, et, se trouvant hors de la portée de notre expérience, ne serait qu'un simple objet de conjecture! Voilà ce que personne assurément ne voudrait affirmer en termes exprès. En réalité, les corps nous sont immédiatement connus par la perception; ce ne sont pas des signes du corps que nous touchons et palpons, mais les corps eux-mêmes, et ceux-ci, bien loin de nous être inconnus en soi, sont précisément ce que nous connaissons dans la perception par la vue et le toucher. Car ce sont nos propres sensations, comme je l'ai prouvé plus haut par le témoignage des faits, nos sensations visuelles, tactiles et musculaires qui nous apparaissent comme des corps dans l'espace, bien qu'elles ne soient pas des corps, à la vérité, et semblent être, à la réflexion, bien différentes des corps.

Cette assertion est encore confirmée par la nature de l'accord ou de la concordance qui existe entre nos perceptions tactiles et nos perceptions visuelles. Nous pouvons voir et toucher le même objet, c'est-à-dire qu'il y a un accord entre les sensations de la vue et du toucher en tant que représentées comme un objet dans l'espace, quoiqu'elles ne soient pas un seul et même objet, et moins encore un objet dans l'espace. Si ce que nous voyons et ce que nous touchons était réellement un seul et même objet, on reconnaîtrait dans la perception visuelle et dans la perception tactile immédiatement aussi leur identité et leur unité comme de deux faces du même objet. Mais il n'en est rien et, au contraire, les aveugles-nés qui ont recouvré la vue par suite d'une opération, éprouvent quelque difficulté à identifier leurs perceptions tactiles et leurs perceptions visuelles, à reconnaître qu'ils voient les objets mêmes que le toucher leur a fait connaître. Leurs perceptions visuelles leur semblent d'abord sans liaison et sans concordance avec leurs perceptions tactiles, et c'est seulement une expérience répétée de cette concordance qui la leur fait reconnaître définitivement. Il est donc clair que si nos perceptions visuelles et nos perceptions tactiles s'accordent en fait entre elles et peuvent être représentées comme un seul et même objet dans l'espace, cet accord organique n'en implique pas moins un désaccord logique entre nos sensations et notre manière de les percevoir comme des objets dans l'espace.

Je crois avoir assez montré quel est le caractère subtil et équivoque de l'apparence naturelle. On y découvrira sans peine la raison qui a empêché les psychologues d'expliquer la perception, quelques peines qu'ils se soient données pour y réussir. Toutes les théories de la perception extérieure sont restées impuissantes à rendre compte des faits, parce qu'on a mal étudié jusqu'à présent les faits eux-mêmes et qu'on n'a pas remarqué cette ambiguïté de la perception qui fait que nos sensations nous apparaissent à la fois comme des corps et comme de simples effets, des signes des corps. En réalité toute explication des faits de la perception par l'action d'objets extérieurs, est une explication des faits perçus par les faits perçus eux-mêmes, c'est-à-dire l'explication de nos sensations et de leur ordre par leur propre projection comme substances dans l'espace. Si cette explication conduit à des résultats satisfaisants au point de vue de la science physique, cela vient de ce que nos sensations sont soumises à une organisation systématique et universelle, de telle sorte qu'elles apparaissent comme des substances dans l'espace, et c'en est en même temps la preuve. Mais l'insuffisance et la fausseté de cette explication se laissent aussi découvrir et se manifestent clairement, si l'on y regarde de près, comme on l'a vu par ce qui a été dit plus haut sur la vision, sur la nécessité où la science physique se trouve réduite d'affirmer que les corps sont à la fois visibles et invisibles.

L'explication véritable de la perception consiste donc à constater cette organisation systématique de tout le contenu de l'expérience et le rôle, en outre, que joue l'esprit en percevant les données de l'expérience comme des substances dans l'espace, et dont nous ne pouvons nous occuper ici, car nous traitons de la nature des choses et ne faisons pas, à proprement parler, une théorie de la perception.

Nous ajouterons seulement une remarque. La vue et le toucher sont les seuls sens qui nous fournissent la perception ou l'intuition immédiate des corps, des objets extérieurs. En d'autres termes, les sensations visuelles et les sensations tactiles sont seules organisées de manière à pouvoir être représentées à la fois comme des corps et comme des effets des corps. Au contraire, les sensations des trois autres sens, l'ouïe, le goût et l'odorat, ne pourraient, à elles seules, nous donner aucune idée du monde matériel, parce qu'elles ne sont pas organisées de façon à pouvoir être représentées comme des corps — c'est-à-dire comme ayant une figure, une grandeur mesurable, une situation extérieure par rapport à nos organes, etc. Elles ne sont organisées que pour être représentées comme des effets des corps. Si les sons, les odeurs et les saveurs nous semblent être aussi des propriétés des corps, cela tient uniquement à l'association des idées. C'est elle qui nous fait considérer même la voix d'un homme, c'est-à-dire le timbre des sons que nous entendons quand il parle, comme une propriété ou une qualité de cet homme, bien qu'il n'y ait évidemment entre les paroles que nous percevons et l'homme qui les prononce aucun autre rapport que celui d'un effet à sa cause.

Les faits que nous avons constatés avant la remarque précédente nous font connaître la nature et la constitution de notre monde. Ils montrent qu'il y a bien, dans ce monde, des objets réels, c'est-à-dire différents de nos idées ou représentations, mais que ces objets ne sont nullement ce qu'ils paraissent être dans la perception, à savoir des substances extérieures à nous et indestructibles. Ce sont, au contraire, des phénomènes essentiellement fugitifs, des sensations dont l'existence même est conditionnée pour chacun de nous par notre conscience, mais qui sont organisées de manière à apparaître comme des substances, et si parfaitement organisées qu'on ne parvient que difficilement à reconnaître la vérité des faits sous l'apparence qui la dissimule et la masque.

Si nous considérons ce qui se passe en nous-mêmes, dans notre expérience intérieure, nous arrivons au même résultat. Comme je l'ai montré dans le premier volume de ces *Esquisses*, dans le chapitre sur les rapports de l'âme et du corps, en nous-mêmes il n'y a non plus comme objets de la perception que des états passagers, mais organisés de manière à paraître les états d'un moi persistant et identique à lui-même. Un tel moi n'existe, en réalité, que dans la conscience que nous avons de tous nos états intérieurs, passés et présents, comme appartenant au même moi.

Voici donc les résultats généraux de notre analyse :

1° Les objets réels, en ce monde, sont des sensations et d'autres états psychiques, fugitifs par essence.

2° Ces objets apparaissent à notre conscience, dans la perception immédiate, comme des substances immuables : les sensations des sens extérieurs, comme des substances extérieures, situées dans l'espace; les sensations et déterminations intérieures, comme des états d'un moi persistant et identique à lui-même.

3° Ces objets sont, de fait, adaptés à cette apparence, sont organisés conformément à l'apparence; il y a, en d'autres termes, un accord organique entre les objets de notre expérience et notre manière de les percevoir comme des substances.

II

Nous pouvons maintenant constater la véritable manière d'être, la vraie nature des choses de ce monde et le principe de toute action, de tout changement qui s'y produit.

Que signifie le fait que tout, en ce monde, est sujet au changement?

Pour changer, pour devenir différent de lui-même, un objet doit être déjà avec lui-même en contradiction. Tout changement est, en effet, l'anéantissement de l'état présent de l'objet, son remplacement par un autre, de sorte que la tendance au changement est une tendance à l'anéantissement de ce qui est, et révèle dans les choses une contradiction intime [1].

Or nous avons la certitude *a priori*, donnée par la norme de notre pensée, que le caractère foncier de la nature normale ou absolue des choses est, au contraire, l'identité parfaite avec soi-même. Il s'ensuit que tout changement est étranger à la nature normale et absolue des choses, que la réalité sujette au changement est anormale et dépend de conditions. De ce que tout changement est étranger à la nature normale, il nous est impossible — et ceux mêmes qui rejettent en théorie tout *a priori* ne peuvent pas se soustraire à cette impossibilité — de penser qu'un changement puisse être absolu, c'est-

---

1. Il faut bien distinguer cette contradiction réelle, intérieure aux choses, de la contradiction logique qui ne peut jamais se rencontrer dans les choses, mais seulement dans la pensée. Quand l'état d'un objet implique la tendance à s'anéantir lui-même, on ne peut le désigner autrement que comme un état de contradiction intime avec soi-même; mais cette contradiction ne deviendrait une contradiction logique que si l'on supposait avec Hegel qu'elle est la manière d'être normale et absolue des choses (*le devenir absolu*), qu'il est dans la nature vraiment propre des choses de se nier elles-mêmes. Or cette supposition est directement contraire à la loi fondamentale de la pensée dont découle le principe de contradiction lui-même, ainsi que les deux principes de causalité et de l'invariabilité de la substance. (Voir l'article du 1ᵉʳ vol. sur la Norme de la pensée.)

à-dire puisse se produire sans être occasionné par un changement antérieur et ainsi de suite à l'infini. Le règne universel de la loi de causalité est un fait certain *a priori*. Mais on voit, en même temps, que ce que nous appelons les causes des changements n'en est en vérité que les conditions, la cause productive des mêmes changements étant la tendance inhérente à l'anormal de se nier et de se détruire lui-même.

Mais alors se présente cette question : comment une réalité anormale, qui implique la tendance à son propre anéantissement, peut-elle exister?

Il est impossible de le comprendre si l'on entend par le *comment* l'origine et la raison d'être d'une pareille réalité. Mais si l'on entend par le *comment* les conditions en dehors desquelles cette réalité ne peut pas exister, il est au contraire facile d'en entrevoir au moins quelques-unes.

Une réalité qui implique la tendance à s'anéantir elle-même ne peut évidemment exister si elle ne renferme pas, en même temps, une tendance tout opposée, la tendance à s'affirmer et à se conserver. Le concours de ces deux tendances opposées fait que l'existence des objets de l'expérience est une renaissance de tous les instants, que ces objets, pour durer, doivent se reproduire sans cesse de nouveau, et nous pouvons constater en effet que c'est bien là leur vraie manière d'être [1].

Par exemple, quand nous regardons un objet qui est immobile dans l'espace, qui ne change pas, ce qu'il y a de réel dans cette perception c'est une sensation visuelle qui se reproduit sans cesse de nouveau. Le symbole de cette reproduction incessante est dans ce fait d'expérience que la vision d'un objet, immobile et invariable en apparence, n'est possible que par le jeu incessant de la lumière dont les rayons sont réfléchis dans une succession ininterrompue par l'objet et viennent frapper notre rétine incessamment. De même, notre moi, invariable en apparence, ne persiste qu'en se reproduisant sans cesse

1. Schopenhauer a fort bien remarqué cette tendance des choses de ce monde à s'affirmer, à se maintenir dans l'existence, à s'y pousser, pour ainsi dire, mais il l'a improprement appelée « la volonté de vivre » (der Wille zum Leben). La volonté, en effet, a pour but non la simple existence, mais le bien ou l'existence bienheureuse. Schopenhauer a été conduit à enseigner que la volonté de vivre en vient quelquefois chez l'homme à sa propre négation (die Verneinung des Willens zum Leben), et que c'est même ce qui peut lui arriver de mieux Il ne pouvait mieux montrer lui-même dans quelle erreur il était tombé en confondant la force ou la tendance en général avec la volonté.

de nouveau, puisqu'il n'existe que par la conscience qu'il a de soi-même et qui est une fonction qui se renouvelle à chaque instant. Le symbole de cette reproduction est dans ce fait d'expérience que la vie de notre moi est liée au jeu d'un organisme qui se renouvelle continuellement. Si cet organisme cesse de fonctionner un seul instant, notre moi disparaît aussitôt. La manière d'être des objets en apparence persistants, que l'expérience nous présente, est donc en fait une renaissance de tous les instants. Le signe infaillible et évident d'une existence qui se reproduit à chaque moment de nouveau est qu'elle peut être à tout moment supprimée.

Or, on comprend à première vue que cette manière d'être des choses n'est pas absolue et que la coexistence des deux tendances opposées qui la produisent n'est pas non plus possible sans conditions. Un objet ou un état d'un objet qui tend à son propre anéantissement est anormal et révèle son anomalie par cette tendance même; il ne peut donc pas posséder sans aucune condition, d'une manière absolue, la tendance opposée, la tendance à s'affirmer et à se conserver. Car supposer qu'un objet tende au même titre à s'anéantir et à se conserver serait logiquement aussi contradictoire que de supposer qu'il puisse être et ne pas être en même temps. Si un objet tend à son propre anéantissement en tant qu'il est anormal, il ne peut tendre à sa propre conservation qu'en tant qu'il dissimule son anomalie, sa nature anormale. L'anormal ne peut donc posséder la tendance à s'affirmer et à se conserver qu'à la condition de déguiser sa nature véritable, de prendre l'apparence d'une réalité conforme à la norme, c'est-à-dire d'une réalité absolue et invariable. Cette apparence est la condition essentielle de son existence, et elle détermine la forme générale de notre expérience. Le monde des phénomènes n'existe, en effet, que parce qu'il apparaît à notre conscience comme un monde de substances. C'est uniquement en vertu de cette apparence que le monde des phénomènes, quoique soumis à un flux et à un changement perpétuel dans les faits et les phénomènes individuels, conserve un ordre invariable dans l'enchaînement général des phénomènes, et cet ordre repose sur l'invariabilité des substances qui paraissent être les objets de l'expérience elle-même. C'est ainsi que l'existence du monde physique est liée à l'existence des sujets connaissants auxquels il apparaît.

Organisés de manière à pouvoir apparaître comme des substances, les objets de l'expérience, nous le savons, ne sont pas des substances en réalité, et c'est seulement la pensée du sujet connaissant, la pensée dont la loi fondamentale est le concept de la nature normale et absolue des choses, qui peut leur conférer, et qui leur confère par suite d'une méprise naturelle et inévitable, ce caractère de substantiabilité ou de réalité absolue qu'ils semblent avoir. Rien, dans ce monde, ne possède donc en réalité un caractère absolu, pas même la grande loi de causalité, car elle est précisément la loi de ce qui n'est pas absolu. D'après cette loi, tout ce qui est anormal, tout ce qui révèle un désaccord intime avec soi-même par le fait de changer, est soumis à des conditions. Mais, outre ces conditions particulières, l'anormal, tout ce qui change, est soumis à une condition générale, à savoir la nécessité de se déguiser, d'apparaître comme quelque chose de normal, et les conditions particulières ne peuvent se produire qu'en conformité à cette condition générale. Par suite, la loi de causalité elle-même s'exerce en réalité un peu autrement qu'il ne le semble dans l'expérience, car tous les effets perçus doivent sembler provenir des corps, tandis que les corps n'existent pas en réalité.

Prenons un exemple : l'éruption d'un volcan. Voilà un effet perçu. Il faut supposer une cause et même toute une série de causes, dans l'intérieur de la terre, qui ont produit cet effet. Mais c'est une série de causes toute idéale, parce que l'intérieur de la terre n'existe pas en réalité, et n'existe même pas, étant soustrait à la perception, dans l'apparence immédiate. L'effet en question a donc bien une cause, mais non pas dans le sens d'un antécédent physique immédiat; et cependant nous trouverions certainement un antécédent de cette sorte si nous pouvions explorer l'intérieur de la terre, puisque toute notre expérience est adaptée à l'apparence d'un monde de corps. La causalité physique et l'ordre du monde n'ont donc pas ce caractère d'inflexibilité absolue qu'ils semblent posséder aux yeux du physicien.

Or cette notion est nécessaire pour comprendre le fait qui joue un rôle si important dans notre vie, je veux dire le fait qu'il y a des causes morales, agissant non pas en vertu d'une force physique, mais par la persuasion, et qui produisent néanmoins des effets physiques, d'abord en nous-mêmes, et, par notre moyen, dans le monde. Ces causes morales sont, d'une part, les raisons et les arguments qui déterminent nos croyances et nos opinions, et, de l'autre, la conscience de la justice et du devoir qui devrait déterminer toujours nos volitions et nos actes.

On a depuis longtemps remarqué cette manifestation d'une puissance morale qui ne peut être conciliée avec le règne absolu de la causalité physique, et, pour l'expliquer, on a supposé que la volonté de l'homme est indépendante de la loi de causalité. Rien de ce qui agit et de ce qui arrive n'est indépendant de la loi de causalité; mais l'action des causes morales se concilie tout aussi bien avec cette loi que l'action des causes physiques. Car l'activité physique elle-même repose sur un fondement d'essence morale. Le principe de toute action comme de tout changement est, en effet, la tendance primordiale de l'anormal à se nier, à s'anéantir lui-même, et cette tendance est d'essence morale, puisqu'elle est, on peut le dire, un jugement en action. Il n'y a donc point de réalité purement physique. N'est-ce pas le même principe, en effet, qui agit en nous et dans cette nature que nous croyons toute physique? Or, comment ce principe, qui possède une essence morale en nous, pourrait-il en être ailleurs tout à fait dépourvu? Il faut, par conséquent, bien remarquer que l'opposition du physique et du moral est l'opposition, dans la même réalité, entre ses éléments anormaux, qui en constituent la nature physique, et la négation de l'anomalie, qui, arrivée à la conscience d'elle-même, n'est pas autre chose que l'action morale. C'est donc la tendance originaire de l'anormal à se nier et à s'anéantir lui-même qui rend possible l'action des causes morales, qui leur confère la puissance de produire des effets.

Nous le verrons plus clairement encore si nous examinons notre propre volonté et notre activité. C'est en nous-mêmes, en effet, que nous découvrons avec le plus d'évidence cette vérité que toute existence anormale implique une contradiction intime avec elle-même, qu'elle repose sur deux tendances opposées l'une à l'autre et qu'elle n'est possible enfin que par une illusion et comme apparence. Nous sentons d'une manière immédiate l'anomalie de notre être dans le mal et dans la douleur. Il est évident, par suite, que nous ne pourrions pas exister si l'anomalie ne se déguisait pas à nos propres yeux, si la vie ne nous apparaissait pas comme un bien. C'est sur cette apparence que sont greffés les tendances et les instincts vitaux de notre être, et d'abord l'instinct de la conservation; il est fondé sur l'illusion qui nous fait regarder la mort comme le plus grand des maux, tandis qu'en réalité, comme l'avaient déjà remarqué les anciens sages, il n'y a plus de maux pour celui qui n'existe plus. De semblables illusions sont aussi à la racine de toutes les impulsions qui

2

tendent à la conservation de l'individu et de l'espèce, et qui nous apparaissent comme des besoins naturels qu'il est bon ou même nécessaire de satisfaire. Précisément parce que la tendance primordiale de notre être va à l'anéantissement de soi, nous devons être doués d'instincts qui nous poussent à une affirmation active de nous-mêmes. Il s'ensuit que notre vie est nécessairement un labeur : comme un homme plongé dans un fleuve ne peut se maintenir à la même place qu'en luttant sans cesse contre le courant qui l'entraine, tout ce qui est anormal, tout ce qui implique la tendance originaire à l'anéantissement, ne peut subsister que par une continuelle affirmation de soi-même, et cette affirmation est déterminée par des illusions.

Nous trouvons le symbole de ces deux tendances opposées dans les faits physiologiques : l'existence et la conservation de notre être conscient paraissent liées à la conservation d'un organisme matériel qui ne se maintient que par un travail incessant de destruction et de reconstruction des tissus vivants et qui a par conséquent besoin de certains moyens de restauration. Par l'effet d'une illusion naturelle, les besoins de notre corps nous apparaissent comme nos propres besoins et nous sommes poussés à travailler pour les satisfaire. Ce travail remplit notre vie qui serait sans cela dépourvue de contenu ; car cette tendance multiforme à s'affirmer et à se conserver, qui a nécessairement un caractère égoïste qui repose sur des illusions, est le principe physique de notre activité.

Mais l'homme, seul entre tous les êtres connus, parvient à pénétrer l'anomalie de ce qui existe et s'élève à la conscience, bien obscure et bien incertaine d'abord, de la nature normale des choses. C'est là le principe moral de notre activité. La tendance primitive de l'anormal à l'anéantissement de soi-même n'est enrayée par la tendance contraire qu'à la condition que l'anormal se déguise, paraisse être ce qu'il n'est pas. En parvenant à pénétrer cette apparence, on rend donc la prépondérance à la tendance primitive et il semble que l'homme, quand il est ainsi parvenu à reconnaître le caractère anormal de son être physique, n'aurait pas d'autre parti à prendre que celui de se tuer. Les penseurs, comme le Bouddha ou Schopenhauer, qui ont bien compris le caractère décevant de ce monde sensible, mais qui n'ont pas su entrevoir derrière ses apparences la nature normale des choses, auraient dû, s'ils avaient été logiques, prêcher le suicide. Mais ceux mêmes qui ne reconnaissent pas explicitement la norme suprême, en ont cependant une conscience implicite, et cette conscience nous porte, non à nous détruire, mais à nous perfectionner, à combattre l'anomalie en nous et hors de nous.

Les éléments constitutifs, en effet, de notre être, comme je l'ai déjà fait remarquer dans le premier volume de ces *Esquisses* (p. 130-131), c'est-à-dire l'intelligence et la volonté, ne sont pas, par leur essence même, quelque chose d'anormal. Il est, au contraire, dans la nature propre de l'intelligence de rechercher et de reconnaître le vrai, et ses lois normales sont les lois logiques. Et il est dans la nature propre de la volonté d'aimer et de rechercher le bien; sa vraie loi est la loi morale. Aussi, quand l'homme parvient à la conscience de la norme et du rapport qu'il soutient avec elle, ce n'est pas contre lui-même, mais seulement contre l'anomalie en lui et hors de lui que se porte sa négation. Or cette négation, liée à la conscience de l'absolu, a elle-même un caractère absolu. Pour notre conscience morale, le mal est absolument anormal et condamnable; il n'a pas le droit d'exister. *Ne fais point le mal*, est un commandement absolu, qui nous impose une obligation et une responsabilité auxquelles, intérieurement, nous ne pouvons nous soustraire. Faut-il ajouter que, comme il n'y a cependant en l'homme rien d'absolu, hormis sa conscience de l'absolu, sa responsabilité aussi est sujette à des restrictions, et qu'il y a des états morbides de l'âme qui l'atténuent ou l'excluent?

II

LE SENS COMMUN ET LA PHILOSOPHIE

Il serait temps de régler le débat du sens commun et de la philosophie. Le sens commun prend les choses comme elles se présentent, il prend donc l'apparence pour la réalité, tandis que la philosophie dévoile l'apparence et constate les faits tels qu'ils sont réellement. Or l'énoncé des faits tels qu'ils sont en réalité présente lui-même une apparence de contradictions logiques, et le sens commun ne se fait pas faute, en conséquence, de taxer d'absurdité la philosophie. Pour mettre les choses au net, il faut établir ces trois points :

1° Montrer que les faits et les objets de ce monde ne peuvent pas renfermer de contradictions logiques, alors même qu'ils en présentent l'apparence ;

2° Montrer d'où vient, dans les objets de l'expérience, cette apparence de contradictions logiques, et ce qu'elle signifie ;

3° Montrer que le sens commun se meut réellement, sans s'en douter, dans des contradictions logiques.

Une contradiction logique est l'incompatibilité absolue de deux termes que l'on réunit cependant, comme l'affirmation et la négation de la même chose. Or le monde physique ne contient rien d'absolu en dehors de notre pensée; notre pensée est seule capable de conceptions absolues; c'est donc dans notre pensée seulement, et non dans les objets de la pensée, que peuvent se rencontrer les contradictions logiques. La réalité, par cela même qu'elle est soumise à des conditions, est en dehors du domaine propre de la loi logique fondamentale, et ne peut, par conséquent, lui être opposée directement, même quand elle a l'air de lui être opposée : elle est *illogique*, mais non *antilogique*.

Mais les choses de ce monde, si elles ne sont pas conformes à
la règle de notre pensée, sont organisées cependant de manière à
paraître conformes à cette règle. Aussi y a-t-il un désaccord logique
entre la nature vraie des choses et leur rôle dans l'apparence; et
comme notre esprit est habitué à percevoir les choses non telles
qu'elles sont réellement, mais telles qu'elles se présentent dans
l'apparence naturelle, l'énoncé de leur nature réelle semble, pour
une vue superficielle, impliquer des contradictions logiques. Mais,
en fait, on tombe au contraire dans de telles contradictions quand
on prend l'apparence pour la réalité et qu'on prête aux objets de
l'expérience un caractère absolu. Nous allons le montrer tant par
rapport à notre moi que par rapport au monde extérieur.

Voici d'abord quelques remarques générales.

Il faut distinguer un objet réel, ayant une nature qui lui est propre,
et par conséquent absolu (une substance), d'un phénomène qui est
lui-même un produit de causes : l'unité de l'un est absolue; l'unité
de l'autre ne peut être que relative, conditionnelle. Il faut de même
distinguer la permanence absolue d'un être réel, qui est en soi soustrait au changement, qui existe en dehors du temps (l'invariabilité
d'une substance), de la permanence d'un phénomène qui est elle-
même produite par des causes et consiste en une renaissance per-
pétuelle dans le temps. Tout ce qui a un commencement dans le
temps, et, par conséquent, tout ce qui est produit par des causes,
est non pas une substance, mais un phénomène ou un événement
et ne persiste qu'en se reproduisant sans cesse de nouveau.

Reprenons maintenant notre sujet.

Il semble, à première vue, parfaitement absurde de dire que nous
ne sommes pas nous-mêmes des objets réels mais de simples phénomènes, de simples effets de certaines causes, que notre personnalité ou notre moi n'est pas une substance, une unité indivisible et
parfaitement la même dans des temps différents, c'est-à-dire existant, par son essence, en dehors du temps. Se nier soi-même, n'est-ce
pas le comble de l'absurdité? Comment croire, dira-t-on, qu'il y ait
des pensées sans un sujet indivisible et permanent qui pense? Que
nous puissions sentir la joie et la douleur sans qu'il y ait en nous
une substance, un quelque chose d'irréductible et de réel qui souffre
et se réjouisse? Ce sont pourtant là des faits. Ils sont, en vérité,
incompréhensibles et inexplicables, mais ils ne renferment pas de
contradiction logique, par la simple raison qu'ils ne renferment

rien d'absolu. Notre moi possède bien une espèce d'unité, mais ce n'est pas l'unité absolue, l'unité d'une substance; l'unité absolue ne paraît lui appartenir que dans la conscience qu'il a de soi et n'existe pas indépendamment de cette conscience. De même, notre moi est permanent d'une certaine manière, mais ce n'est pas la permanence absolue d'une substance, l'existence en dehors du temps; l'identité absolue du moi dans des temps différents n'est autre chose non plus qu'une apparence qu'il revêt nécessairement dans la conscience de soi-même, mais qui n'existe pas indépendamment de la conscience. Mais comme notre moi est organisé de manière à correspondre à cette apparence d'une unité absolue, indivisible et invariable, il semble qu'on tombe, en lui déniant ce caractère, dans une contra-diction logique. Et c'est en réalité le contraire qui a lieu : on tombe dans des contradictions logiques quand on prête à notre moi un caractère absolu, quand on le tient tout de bon pour une substance. Cette manière de voir est absolument inconciliable avec les faits. L'unité absolue exclut tout d'abord la possibilité même d'une vie consciente; car la conscience implique le dédoublement en un sujet et un objet de la pensée. Elle ne peut, pour la même raison, coexister avec la multiplicité des déterminations, des fonctions intérieures qui font la vie de notre moi. De même, l'existence absolue, l'invariabilité d'une substance, est incompatible avec la variabilité si manifeste de notre être conscient, avec le fait que nous prenons naissance dans le temps et passons par les phases si différentes de l'enfance, de l'âge mûr et de la vieillesse. Enfin, il ne peut être question d'aucun caractère absolu de notre moi dès que l'on songe à ce fait que notre vie psychique dépend essentiellement des conditions et des fonctions cérébrales. Il n'y a en nous rien d'absolu, excepté notre conscience de l'absolu. La véritable absurdité, la contradiction logique est donc, non dans la négation, mais dans l'affirmation d'une substance du moi.

Il en est de même à l'égard du monde extérieur.

Il semble, à première vue, parfaitement absurde de dire que les champs et les montagnes, les fleuves et les océans, la terre elle-même et les astres existent uniquement dans la perception des sujets vivants, et l'on a déjà souvent *réfuté* Berkeley par des plaisanteries. Mais à quoi se réduit en réalité cette absurdité apparente? Simple-ment à nier que les faits de la perception ou de l'expérience immé-diate — les seuls faits vraiment réels et indubitables, — puissent être expliqués par la supposition d'objets extérieurs correspondant

à nos perceptions. Bien loin d'être une affirmation absurde et contradictoire, l'idéalisme n'est pas du tout une affirmation, mais une
négation, la négation d'un élément ou d'un caractère absolu dans
notre perception extérieure. Mais les faits sont organisés de manière
à produire l'apparence d'un monde extérieur : tout, dans notre
expérience, se passe comme si les objets que nous percevons étaient,
non des sensations en nous, mais des corps dans l'espace. Il y a
donc une disparate ou un désaccord logique entre la nature vraie
des faits et leur apparence, et cette disparate présente, pour une vue
superficielle, le semblant d'une contradiction logique. Mais quoique
les faits de l'expérience extérieure soient incompréhensibles et inexplicables, ils ne contiennent point de contradiction logique, parce
qu'ils ne contiennent rien d'absolu. C'est, au contraire, quand on
croit tout de bon à l'existence des corps, à un caractère absolu du
monde extérieur, qu'on tombe dans des contradictions logiques. Et
il faut, en effet, être bien naïf pour croire que les faits s'expliquent
par cela seul que l'on prend l'apparence pour la réalité, les corps
que nous percevons pour des substances véritables; car c'est croire
que les faits de la perception extérieure peuvent se servir à eux-
mêmes d'explication.

Nous allons essayer de rendre cela plus clair.

Il semble, à première vue, que tout s'explique de la manière la
plus simple et la plus naturelle quand on admet la réalité des corps,
et cette illusion est encore fortifiée par les progrès de la science dans
l'explication des choses. On peut parfaitement admettre que l'explication donnée par la science a unegrande valeur, qu'elle a une grande
utilité dans son domaine; mais il ne faut pas oublier que c'est une
explication physique des choses, et non une explication métaphysique. C'est dire qu'elle vaut dans le domaine de l'apparence, mais
n'a pas de validité absolue, pas de validité au point de vue de la
réalité vraie.

Et d'abord, il faut se rappeler que le concept même d'un corps,
c'est-à-dire d'un objet remplissant un espace, est contradictoire logiquement. Un objet qui remplit un espace est un objet composé de
relations, par conséquent quelque chose que l'analyse réduit à zéro.
Car des relations supposent des objets réels en relation les uns avec
les autres, et ne peuvent pas constituer ces objets eux-mêmes; c'est
une vérité élémentaire. Du reste la contradiction logique impliquée
dans l'idée de corps a été déjà exposée tant de fois et par des philo-

sophes si différents d'opinions sur d'autres questions, qu'il serait
superflu d'y insister davantage. Dans l'affirmation de la nature contradictoire des corps, Leibniz et Kant se rencontrent avec MM. du
Bois-Reymond et Herbert Spencer.

Mais toute action des corps à distance ou par contact implique
aussi une contradiction logique.

Les penseurs du xvii° siècle, Newton entre autres, ont fort bien
compris que la supposition d'une action à distance est inadmissible.
Un corps ne peut pas agir là où il n'est pas, parce que l'espace qui
sépare les corps les uns des autres exclut toute liaison intime entre
eux. Pour unir ou pour mettre en communication deux objets dans
l'espace, il faut que l'espace qui les sépare soit ou rempli ou franchi.
Or ce qui remplit un espace est un corps et ce qui franchit un espace
est un mouvement; il ne peut donc y avoir dans l'espace que des
corps et des mouvements des corps, mais point de forces unissant
les corps entre eux, et par conséquent point d'actions à distance. De
notre temps, on semble avoir perdu, dans la plupart des cas, le sens
de cette difficulté et c'est là un recul manifeste de la pensée philosophique depuis le xvii° siècle. Cependant la science moderne cherche
à éliminer autant que possible, dans son explication des choses,
l'action à distance et à tout ramener à des mouvements et à la transmission des mouvements par le contact.

Mais admettre l'action par contact — choc ou pression, — c'est
admettre que l'inertie même des corps est un principe d'action, que
la répugnance à changer d'état peut elle-même produire des changements d'état, ce qui est logiquement contradictoire. Comme les
atomes matériels sont séparés par l'espace et par suite indépendants
les uns des autres, s'ils étaient des substances réelles, c'est-à-dire
s'ils existaient réellement, ils ne pourraient pas être liés ensemble
par une loi commune, fût-ce même la loi mécanique de la communication des mouvements. Les concepts mêmes de substance et de loi
s'excluent réciproquement, l'un impliquant l'indépendance, et l'autre
la dépendance mutuelle des choses.

On voit donc que les données dont les sciences physiques se servent pour l'explication physique des choses sont elles-mêmes non
seulement inexplicables, mais aussi logiquement contradictoires, et
ne peuvent par conséquent répondre à rien de réel. Aussi l'explication physique ne résiste-t-elle pas à l'épreuve des faits. Elle semble
tout à fait satisfaisante tant qu'on reste absorbé dans la contempla-

tion du monde extérieur et sans approfondir les choses. Mais bientôt
surgit la question : comment arrivons-nous à la connaissance du
monde extérieur et de tout ce qui s'y passe? Et alors le néant de
l'explication physique se montre et ne laisse aucun doute.

En premier lieu, il est même impossible de comprendre que des
mouvements hors de nous puissent produire des sensations en nous.
Nous constatons ce rapport de cause à effet comme un fait de l'expérience, mais ce fait reste inexplicable. Et ce n'est encore là que
la plus faible partie de la difficulté. Alors même que l'on pourrait
parfaitement comprendre que des objets ou des événements extérieurs produisent en nous des sensations, cela ne servirait en rien à
expliquer notre perception du monde extérieur lui-même. Car la
vérité est que nous percevons le monde extérieur, les corps eux-
mêmes immédiatement tels qu'ils sont dans l'espace. Si nous ne
pouvions pas percevoir les corps eux-mêmes, d'une manière immédiate, et en particulier les voir et les toucher, nous n'aurions aucune
idée du monde extérieur. Or, l'on peut produire des preuves expéri-
mentales du fait que les sens de la vue et du toucher ne nous fournissent, comme tous nos sens en général, que de simples sensations, et qu'une perception immédiate du monde extérieur n'est pas
possible et ne se produit jamais. On parvient, de cette manière, à
constater avec une certitude parfaite que ce sont nos sensations elles-
mêmes qui nous apparaissent comme des corps dans l'espace, et ce
résultat est confirmé par l'analyse précédente qui a bien établi la
nature contradictoire et partant illusoire des corps et de toute action
des corps.

Toute notre expérience repose donc sur une illusion ou une apparence, et si cette apparence a sur l'esprit une grande puissance,
c'est que notre expérience tout entière est organisée de manière à
y paraître conforme : tous les effets perçus par nous se présentent
comme si les objets que nous percevons étaient des corps dans l'espace; tous les effets perçus semblent procéder des corps. Mais on
voit d'un coup d'œil que cette organisation universelle de l'expérience ne peut pas être expliquée par l'hypothèse d'une multitude de
causes ou de substances extérieures, qu'elle présuppose, au contraire, un principe agissant unique qui embrasse tout le système de
l'expérience. Plus donc l'explication physique des choses paraît légitime et naturelle, moins elle a de vérité et de validité au point de
vue de la réalité vraie.

En résumé, voici ce que démontrent la constatation et l'analyse des faits et des idées, et ce qu'il importe beaucoup de bien comprendre : ce ne sont pas des objets extérieurs qui nous apparaissent dans nos sensations, mais ce sont, au contraire, nos sensations — de la vue, du toucher, etc., — qui nous apparaissent comme des objets extérieurs, comme des corps dans l'espace. Et cette apparence ne parvient à nous tromper, à représenter pour nous la réalité, et à posséder, en effet, une vérité relative, que parce qu'elle est systématiquement organisée de manière à produire la même illusion d'un monde matériel chez tous les sujets connaissants et dans tous les temps, sans aucune exception et sans aucune défaillance. Si les hallucinations et les rêves, quoique constitués des mêmes éléments que les perceptions normales, n'ont pas la même vérité relative que celles-ci, c'est parce qu'ils n'en ont pas l'organisation systématique, parce qu'ils ne sont pas communs à tous les sujets connaissants, et ne sont pas des parties intégrantes du système universel de l'expérience d'un monde matériel.

III

DU RÔLE DE L'IDÉALISME EN PHILOSOPHIE

Pour l'astronomie, il est indifférent que les corps gravitent les uns vers les autres en vertu d'une attraction qui leur appartienne en propre, ou que, par suite d'une autre cause quelconque, les mouvements des astres s'accomplissent comme si les corps s'attiraient réciproquement en raison directe de leurs masses et en raison inverse du carré de leurs distances. Car les faits visibles et calculables sont les mêmes dans les deux cas. Aussi les spéculations sur la nature et la cause de la gravitation ne sont-elles pas du ressort de l'astronomie.

De même, pour l'expérience et la pratique ordinaire de la vie, il est indifférent que les corps existent en réalité ou que, par suite d'une autre cause quelconque, tous les effets perçus se produisent comme s'ils provenaient des corps, comme si les objets de l'expérience étaient des corps dans l'espace. Car tout ce que nous sentons et percevons est pareil dans les deux cas ou dans les deux hypothèses. Mais, pour la philosophie, il y a là une différence fondamentale.

La philosophie est la tentative par la pensée de se rendre compte d'elle-même et du monde qui est son objet. Si ce monde est trouble et plein de confusion, tout en présentant une apparence d'harmonie, la tâche de la philosophie est d'empêcher que cette confusion n'envahisse la pensée et ne la domine, comme elle l'a fait jusqu'à présent. La question est de savoir si l'on parviendra enfin à la clarté, à la certitude, à l'harmonie de la pensée avec elle-même, ou si l'on continuera à se mouvoir dans la contradiction avec soi-même, la confusion et les ténèbres. L'issue dépend essentiellement de la position que l'on prend vis-à-vis du problème de la réalité des corps. Et comme de la clarté et de l'harmonie dans la pensée dépend l'harmonie dans la vie même, il vaut bien la peine d'examiner encore ce problème à ce point de vue.

Que nie-t-on en niant la réalité du monde matériel?

Comme je l'ai déjà dit dans l'article précédent, on nie que l'explication physique des choses ait une valeur absolue, que l'ordre physique des choses soit un ordre absolu. Or l'expérience nous présente en apparence des objets absolus, des substances de deux sortes, spirituelles et matérielles. C'est ce qu'il faut d'abord bien comprendre.

Il est indubitable que chacun de nous se reconnaît, dans la conscience immédiate qu'il a de lui-même, comme un objet absolu, indépendant de tous les autres. En effet, se reconnaître soi-même comme dépendant d'autre chose, comme fonction d'un autre objet, c'est reconnaître son vrai moi dans cet autre objet, ce qui est logiquement contradictoire et impossible. On objectera peut-être que nous nous reconnaissons pourtant comme dépendants de plusieurs conditions extérieures. C'est vrai. Mais cette connaissance est dérivée; elle repose sur l'expérience que nos états intérieurs suivent d'une manière invariable certaines conditions extérieures, et elle ne peut rien changer à la connaissance immédiate que nous avons de nous-mêmes ni à son caractère en apparence absolu. Car aucune condition extérieure ne peut s'interposer entre moi comme sujet et moi comme objet de ma conscience ou de ma connaissance immédiate de moi-même. Bref, un moi n'existe qu'en se distinguant de tout ce qui n'est pas lui, qu'en se reconnaissant comme un objet distinct par son essence même et partant indépendant de tous les autres objets, en d'autres termes, comme un objet absolu ; mais il se reconnaît comme tel, et, sans cette apparence, il n'existerait pas.

De nos jours, la plupart des hommes capables de réflexion ne croient plus à la substantialité du moi, ne lui attribuent plus aucun caractère absolu. Par là, toute la question qui nous occupe est déjà au fond résolue. Si le témoignage en effet de notre propre conscience sur la substantialité du moi a cessé de passer pour absolument vrai, combien, à plus forte raison, le témoignage de notre perception extérieure sur la substantialité des objets perçus sera-t-il plus facile à dépouiller de toute vérité absolue? Il faut pourtant examiner aussi ce point en particulier.

La matière est l'absolu dans l'espace. Si la matière est une réalité et non une pure apparence, l'ordre physique des choses est absolu. Veut-on le soutenir?

Un ordre absolu est parfait, se suffit à lui-même à tous les points de vue et ne peut nulle part se montrer en défaut. L'ordre physique au contraire se montre en défaut partout.

Et d'abord, dans le domaine subjectif, par l'existence de l'erreur.

Si les objets de notre expérience étaient de véritables substances, des objets absolus, la connaissance que nous en avons posséderait une vérité absolue et l'erreur serait absolument impossible. Il faut, en effet, renoncer à toute pensée logique ou reconnaître la validité du principe de contradiction. Or, suivant ce principe, il y a entre l'affirmation et la négation, c'est-à-dire entre le vrai et le faux, une opposition absolue, et toute réunion de choses opposées d'une manière absolue implique ou constitue une contradiction logique. Le premier fondement de toute erreur est donc le fait que notre perception d'objets extérieurs n'est pas vraie d'une manière absolue, qu'elle renferme une illusion systématiquement organisée, et que la vérité dans notre expérience ne se distingue par conséquent pas de l'erreur par son essence même, mais seulement, comme je l'ai montré dans des articles précédents, par des caractères secondaires. Le vrai qui est mêlé avec le faux dans le monde de l'expérience n'a qu'une vérité relative. Si nous parvenons néanmoins à une vérité absolue dans la connaissance des choses, c'est uniquement en vertu du concept de la nature absolue des choses, concept qui est la loi fondamentale de notre pensée et dont l'expression est le principe de contradiction et la conscience de l'opposition absolue entre le vrai et le faux.

L'ordre physique ne se montre pas moins en défaut dans le domaine objectif, et cela en bien des points différents.

Les lois fondamentales du monde matériel sont les lois mécaniques, suivant lesquelles il ne peut se produire dans ce monde que des mouvements, alors que tous ces mouvements, avec leurs directions et leurs vitesses, sont indifférents aux corps eux-mêmes qui ne font que les recevoir et les transmettre sans en être affectés en soi. On peut encore supposer que, dans la nature inorganique, tout pourra s'expliquer mécaniquement, mais assurément non dans la nature organique. Car il y a une disparité essentielle entre le mécanisme et la vie organique, attendu que les mouvements des corps organisés ne leur sont point indifférents et s'accomplissent au contraire comme si toutes les parties de l'organisme s'étaient entendues pour atteindre un but et réaliser un résultat commun.

L'ordre physique se montre encore plus en défaut quand il s'agit de comprendre l'action du sujet connaissant sur les objets extérieurs et sa connaissance de ces objets, ainsi que l'action de ceux-ci sur le sujet connaissant.

Il est incompatible avec la loi de la conservation de la force, telle qu'elle se manifeste dans le monde matériel, qu'un acte de la volonté ou tout autre état ou événement psychique puisse produire un mouvement des corps. Et d'autre part, le mouvement ne peut absolument ni produire ni expliquer un événement psychique. Si les mouvements, en effet, ou les déplacements des corps leur sont indifférents à eux-mêmes, à plus forte raison sont-ils indifférents et étrangers, par essence, à tout ce qui n'est pas matériel. Quand on en vient enfin à examiner la perception des corps par le sujet connaissant, on constate que la supposition de leur réalité extérieure est absolument inconciliable avec les faits de la perception, comme je l'ai fait voir dans l'article précédent. Les objets réels de notre perception sont nos propres sensations : ce sont nos sensations mêmes qui nous apparaissent comme des objets extérieurs. Aussi trouve-t-on, en analysant le concept de ces objets extérieurs apparents, que, abstraction faite de nos sensations, ils ne sont rien ; le concept d'un corps remplissant un espace est : 1° vide ; 2° logiquement contradictoire.

Il faut, en dernier lieu, considérer le rapport de notre question avec la morale.

Si l'ordre physique était absolu, il ne laisserait aucune place, aucune possibilité à l'action de causes non physiques, ou, pour rendre les choses d'une manière plus précise, l'opposition entre l'élément physique et les éléments non physiques — logique et moral — n'existerait pas. Toute opposition contenue dans un ordre absolu serait elle-même absolue, et impliquerait par conséquent une contradiction logique. Or, il y a une opposition absolue entre le bien et le mal, le vrai et le faux, et de là suit que l'ordre des choses qui contient le mal et l'erreur, ne peut pas être absolu ni rien contenir qui soit vrai et bon d'une manière absolue.

Un empiriste obstiné dira peut-être qu'il n'y a pas d'opposition absolue entre le bien et le mal, et que nous n'avons pas le droit de condamner absolument le mal, de dire qu'il n'a pas le droit d'exister, puisqu'il existe en réalité et prouve par cela même son droit à l'existence. Mais dans cette supposition le mal n'aurait pas besoin d'expli.

cation et c'est notre conscience morale qui serait inexplicable !
N'est-il pas humiliant d'en être encore réduit à disputer sur ce
point? Quand donc parviendra-t-on à la possession des notions les
plus élémentaires, comme celle de l'opposition absolue entre le
bien et le mal, le vrai et le faux, sans laquelle ni aucun jugement
moral, ni aucun jugement logique n'est possible?

Renoncer au droit de juger n'est-ce pas frapper soi-même de nul-
lité tous ses jugements? Il en est, en fait, du mal comme du faux :
on ne peut pas ne pas le condamner parce qu'il se condamne
lui-même, parce qu'il tend de lui-même à son propre anéantissement, et ne peut se maintenir qu'au moyen de l'illusion ou de
l'apparence. Le faux ne peut exister qu'en prenant l'apparence
du vrai; le mal ne peut durer qu'en prenant l'apparence du bien.
Aussi les biens de ce monde ne sont-ils que des biens relatifs,
c'est-à-dire qu'ils renferment un élément illusoire. Cette vérité
est bien prouvée par la considération que voici : l'attrait des biens de
ce monde conduit souvent à faire le mal, tandis que la tendance au
vrai bien ne peut jamais porter à faire le mal avec intention, parce
qu'il y a une opposition absolue entre le vrai bien et le mal. La conscience de cette opposition est le fondement de la morale et de la
moralité elle-même.

On voit donc que la morale bien entendue est incompatible avec
la croyance que l'ordre physique est absolu ou, en d'autres termes,
que le monde matériel est une réalité, et l'on voit que cette croyance,
d'une manière générale, nous entraîne dans un dédale de contradictions logiques. Quelle raison aurions-nous donc, contrairement à
toute évidence et à toute certitude rationnelles, de croire à la réalité
du monde matériel? L'expérience et la pratique ordinaire de la vie
ne l'exigent pas. A leur point de vue, il est indifférent que le monde
des corps soit réel, ou qu'il ne soit qu'une apparence systématiquement organisée suivant des lois immuables; car tout ce qui leur
importe, c'est l'immutabilité de ces lois. Pour la philosophie, au
contraire, la croyance à la réalité de la matière, c'est la mort, c'est
l'impossibilité absolue de parvenir jamais à la clarté et à l'harmonie
de la pensée. La négation de la réalité des corps, qui semble, au premier abord, ce qu'il y a de plus opposé au bon sens, est donc réellement au contraire ce que le bon sens le plus élémentaire nous pres-
crit d'adopter.

IV

DU PRINCIPE AGISSANT DE LA NATURE

I. — LA FORCE N'EST RIEN D'INDIVIDUEL.

Un des objets les plus importants et les plus intéressants dans la connaissance de la nature est le principe de son action. Que pouvons-nous savoir de ce principe? Et par quelle voie pouvons-nous parvenir à le connaître?

Une opinion très répandue est que la force, la puissance d'agir ou de produire des effets est une propriété d'objets individuels, et certains philosophes ont affirmé que l'essence même d'un objet individuel est constituée par la force. D'après cette doctrine, une substance ne serait pas au fond autre chose qu'une force. Nous allons en faire l'objet d'un premier examen.

Il faut remarquer d'abord que toute force et toute causalité se rapporte nécessairement à des changements : où il n'y a point de changement, les idées de force et de cause perdent toute signification. On peut se représenter un corps dans un état de repos parfait, out aussi bien que dans un état de mouvement; il n'y a là rien de contradictoire ni d'impossible. Mais si l'on peut se représenter un corps dans un état de repos parfait, on peut se représenter dans le même état tout le monde des corps. Or, dans un tel monde, il n'y aurait évidemment ni forces ni causes aucunes. Les causes et les forces ont donc un rapport nécessaire avec des changements; c'est le changement qui suppose une cause; tout effet n'est un effet et n'exige une cause, que s'il a un commencement, c'est-à-dire si son apparition constitue un changement dans l'état des choses. Mais qu'est-ce qui nous porte à chercher une cause pour tout changement? Il n'y a que deux réponses possibles à cette question : ou c'est

l'expérience seule qui nous apprend qu'il n'y a jamais de changement sans cause, ou bien nous avons la certitude *a priori* que tout
changement doit avoir une cause. Mais dans un cas comme dans
l'autre, la cause d'un changement ne peut être qu'un autre changement qui le précède d'une manière invariable.

La certitude *a priori* que tout changement a une cause repose,
comme je l'ai montré, sur la loi fondamentale de notre pensée,
d'après laquelle la nature normale et absolue des choses est l'identité avec soi-même qui exclut tout changement. Étranger à la nature
absolue des choses, le changement ne peut être lui-même absolu,
c'est-à-dire sans cause. Mais de cette certitude même il s'ensuit qu'un
objet absolu ne peut jamais être, par sa propre nature, une cause
de changement. Et, en effet, ne doit-il pas y avoir un rapport de
dépendance entre l'effet et la cause? Or quel rapport, quel lien,
quelle unité peut-il y avoir entre un objet invariable et un changement qui n'exige une cause que parce qu'il est étranger à la nature
absolue et invariable des choses? Dire qu'une cause puisse produire
un premier changement, c'est donc faire un contresens, car un premier changement serait par cela même sans antécédent, c'est-à-dire
sans cause. Mais si un changement sans cause était possible, pour
quelle raison chercherions-nous les causes des changements?

Il faut bien comprendre que le principe de causalité qui exige
pour tout changement une cause, exclut par cela même toute pensée
de cause absolue. Car de la proposition que tout changement doit
avoir une cause découle avec une nécessité logique la proposition
que les mêmes causes produisent toujours les mêmes effets, c'est-à-
dire que toutes les causes sont liées à leurs effets par des lois invariables. Quoique la liaison logique de ces deux propositions soit des
plus simples et des plus évidentes, elle est si généralement méconnue
que je ne peux pas me dispenser de l'exposer ici.

Si tout changement est nécessairement lié à une cause, il s'ensuit
qu'aucun changement ne peut survenir dans les rapports mêmes des
causes et des effets, et, inversement, s'il se produisait un changement dans le rapport de cause et d'effet, si l'effet changeait, la cause
restant invariable, ce changement n'aurait, d'après la supposition
même, aucune cause. Car si tout changement est l'effet d'une cause,
il ne peut y avoir un effet nouveau sans une cause nouvelle. Si A est
la cause d'un effet B, il faut une autre cause, ou plutôt un changement dans la cause A pour produire le changement de l'effet B en

un effet différent *b*, sans quoi le changement de l'effet B n'aurait point de cause. Tout effet est donc lié à sa cause par une loi qui est elle-même soustraite au changement : les mêmes causes produisent toujours les mêmes effets. Or il s'ensuit que la force, le fondement de la causalité ne peut résider en rien de particulier, mais seulement dans la liaison générale des choses.

L'expérience confirme de tout point ce résultat. En l'interrogeant, nous voyons que jamais la perception d'une cause individuelle ne nous révèle le principe de sa causalité. Hume et beaucoup d'autres après lui ont assez montré qu'aucune qualité perçue d'un objet ne peut nous faire prévoir *a priori* les effets qu'elle doit produire. C'est uniquement au moyen de l'induction que nous apprenons que telles causes produisent tels effets déterminés. En cherchant le fondement de l'induction nous trouverons donc le fondement de toute causalité.

Or voici en quoi consiste l'induction : l'expérience nous apprend que certains phénomènes se sont suivis d'une manière constante ou invariable dans le passé ; nous inférons de là : 1° que ces phénomènes sont liés, et de cette liaison nous concluons : 2° qu'ils continueront à se suivre d'une manière invariable dans l'avenir comme ils l'ont fait dans le passé. On voit donc que la validité de l'induction qui nous fait connaître les causes, repose sur la liaison de ces causes avec leurs effets, et que toute conclusion de l'effet à la cause ne vaut qu'en vertu de la liaison générale des phénomènes, de la liaison à laquelle toutes les causes doivent d'être des parties intégrantes de l'ordre du monde au même titre que leurs effets. La cause n'est que l'antécédent invariable de son effet dans le temps.

Nous sommes ainsi amenés à reconnaître que le fondement de toute causalité, le *principe agissant* de la nature, est la liaison générale des phénomènes et qu'il ne peut y avoir aucune cause extérieure au monde ni, en général, aucune cause absolue, que ce soit dans le monde ou hors de lui.

Mais ce résultat heurte des préjugés si fortement enracinés qu'il faut y insister encore et bien l'établir.

Il est de la plus parfaite évidence que la cause d'un changement ne peut être qu'un autre changement antérieur, car, suivant la juste remarque de Stuart Mill, s'il n'y avait pas d'antécédent nouveau, il n'y aurait pas de conséquent nouveau. Mais une inspection superficielle de l'expérience semble montrer que des objets peuvent en soi être causes, et dans le langage ordinaire ce sont des objets que l'on désigne de préférence comme causes, et non des phénomènes ou des événements. On dit, par exemple, que le soleil brille, que l'eau du ruisseau met le moulin en mouvement, que l'humidité rouille le fer, etc. Mais un examen plus attentif fait voir que ce n'est jamais en ce qu'il a d'invariable qu'un objet est la cause des effets qu'on lui attribue, mais bien par ses états particuliers et passagers. Considérons, par exemple, un boulet de canon : au repos, qu'y a-t-il de plus inoffensif? Ses effets destructifs seront dus uniquement au mouvement; c'est le mouvement de l'objet, et non l'objet lui-même, qui est cause. De même, la lumière du soleil est un effet, non du soleil en tant qu'il est un objet invariable, mais de la vibration de ses particules. Le mouvement de la roue du moulin est un effet, non de l'eau en soi, mais du mouvement de l'eau sur une pente; et ainsi de suite. On dira peut-être que des corps produisent des effets en vertu de la gravitation et des affinités qui leur sont inhérentes. Mais si la gravitation ou l'affinité était quelque chose d'inhérent aux corps, ne serait-elle pas un lien qui les unit les uns aux autres? Ce ne sont donc toujours pas des objets individuels qui agissent, c'est leur liaison qui est le fondement de leur causalité, et pour que cette causalité ou cette force produise un changement, il faut toujours qu'elle y soit amenée par un changement antérieur. Car, encore une fois, sans antécédent nouveau, pas de conséquent nouveau.

Tout le monde, je crois, conviendra de cette vérité en ce qui concerne les objets extérieurs. Mais on admet volontiers que le moi est une cause qui agit par sa propre puissance, qui a en propre la faculté merveilleuse de produire des effets au dehors. Cette singulière imagination a été réfutée bien souvent; elle n'est pas encore déracinée. Il faut essayer d'en donner une réfutation qui soit vraiment définitive.

Nous avons eu nous-mêmes un commencement; il y a donc une contradiction manifeste à supposer que nous puissions créer un premier changement, et d'ailleurs, comme on l'a vu plus haut, l'idée de premier changement est déjà, à la considérer en elle-même, contradictoire. Notre moi, qui est lui-même un produit, ne possède rien d'absolu, rien qui lui soit vraiment propre; il y a donc contradiction à supposer qu'il puisse posséder en propre une puissance d'agir, ne fût-ce que sur lui-même, à plus forte raison sur les objets extérieurs. Notre action sur nous-mêmes est sujette à des conditions, à

des limitations; comment pourrions-nous posséder une faculté absolue de produire des effets hors de nous? L'expérience prouve assez
qu'il n'en est rien. Dire que nous possédons en propre, sans condition, la faculté d'agir sur des corps, c'est dire que nous pouvons
agir sur tous les corps de la même manière; or l'expérience fait voir
que nous ne pouvons produire immédiatement des effets que sur
notre propre corps. Et notre corps, on peut le dire, est organisé
exprès pour cela, avec ses nerfs et ses muscles. Si donc nous produisons des effets dans notre propre corps, c'est uniquement en
vertu de notre liaison avec ce corps particulier. Dira-t-on que notre
corps n'est qu'un organe ou une dépendance du moi? Mais tout corps
est, d'après son concept, une substance, un objet absolu, indépendant de tous les autres, et l'expérience semble prouver que le moi
est plutôt l'effet que la cause de son organisme corporel.

Enfin l'affirmation d'une puissance d'agir propre au moi n'aurait
un sens que si nous pouvions percevoir cette action du moi ou percevoir le moi en action. Or c'est impossible, parce que notre
volonté n'agit immédiatement que sur les nerfs moteurs, et nous ne
savons absolument rien de la manière dont elle affecte ces nerfs. En
résumé, notre propre causalité nous est connue exactement de la
même manière que la causalité de toutes les autres choses, à savoir
par l'expérience seule. Nous constatons que nos volitions sont invariablement suivies de mouvements du corps conformes à ces volitions, et c'est pour nous le seul moyen de savoir qu'il y a en nous
une puissance de produire ces mouvements. Si l'un de nos membres
est frappé de paralysie, nous ne pouvons le mettre en mouvement,
et il nous est en outre impossible de connaître cette impuissance
autrement que par le fait même qu'il n'obéit plus à notre volonté.
La connaissance de notre impuissance, comme celle de notre puissance de produire des mouvements, nous vient uniquement du dehors
et jamais nous ne l'acquérons du dedans. Notre pouvoir de causer
des effets repose donc, comme le pouvoir de toutes les causes, sur la
liaison générale des phénomènes, qui est, par conséquent, le seul
vrai principe agissant de la nature.

II. — LE PRINCIPE DU CHANGEMENT OU DU DEVENIR.

Voici les résultats auxquels nous sommes arrivés : la supposition d'un, premier changement et d'une cause première et absolue des changements est en contradiction avec le principe de causalité et avec la raison ou le fondement de l'induction, en vertu désquels seuls nous reconnaissons toutes causes. La force, le principe de la causalité n'est donc rien d'individuel; aucune cause individuelle n'agit par sa propre puissance; une cause individuelle ne peut être que l'antécédent invariable de son effet. Ainsi tout changement particulier a une cause, mais l'existence du changement, du « devenir », en général, n'a ni commencement ni cause. N'ayant ni cause ni origine, le devenir existe de toute éternité par sa propre impulsion ; la force est un « moment », ou, pour parler comme les mathématiciens, une « fonction » du devenir lui-même, et sa quantité reste, par conséquent, toujours la même. C'est là la preuve ontologique de la loi de la conservation de la force, cette loi qui se présente, comme on le démontrera plus loin, sous un aspect trompeur dans le domaine de la physique.

L'existence du changement ou du devenir n'est donc pas susceptible d'être expliquée. Expliquer tel changement par sa cause particulière, c'est expliquer l'existence du changement dans le moment actuel par son existence dans le moment précédent, et ainsi de suite à l'infini, c'est-à-dire reculer seulement la difficulté sans jamais la résoudre. L'explication physique du changement est donc insuffisante et son explication métaphysique impossible. Le même principe de causalité qui exige une cause pour tout changement rend par cela même impossible toute supposition d'un premier changement. Et en cela se révèle l'*antinomie* inhérente au changement, comme à tout ce qui est anormal et étranger à la nature absolue des choses.

Étudions maintenant de plus près le principe agissant de la nature. Dans tous les effets, il y a deux points à considérer : 1° que ces effets se produisent, que quelque chose arrive, et 2° qu'ils se produisent suivant des lois immuables, et notamment suivant les lois que nous connaissons et non suivant d'autres lois. Il faut par suite distinguer dans le principe agissant deux faces ou deux points de vue : 1° le principe du changement ou du devenir, et 2° le principe de l'ordre

dans la nature. Ces deux faces sont inséparables, et la même induction nous sert à constater les forces et les lois. De ce que certains
phénomènes se sont toujours suivis les uns les autres, nous inférons
par induction qu'ils sont unis, et cette union implique à la fois le
principe qui produit leur succession elle-même et celui qui produit
l'invariabilité de cette succession et en fait une loi de la nature.
Mais quoique liées indissolublement ensemble ces deux faces du
principe agissant doivent aussi être considérées séparément, et il
faut notamment examiner ce qui produit le changement perpétuel
dont la nature nous offre le spectacle, avant de rechercher ce qui
produit l'ordre qu'elle présente également.

Contrairement à ce que l'on croit de préférence, un changement
ne peut jamais être produit par une force ou une tendance simple;
tout changement, en effet, présuppose nécessairement deux forces
ou deux tendances opposées. Car tout changement contient deux
moments : 1° la disparition de l'état présent, et 2° la substitution
d'un état nouveau à l'état disparu. Tout changement présuppose
donc une tendance opposée à la production d'un état des choses.
Cette vérité importante nous est dissimulée par l'expérience des
corps; dans le monde matériel, en effet, les deux tendances en question ne se montrent jamais. C'est que dans le monde matériel il ne
se produit jamais de changement réel, mais seulement des changements de place ou de position réciproque dans l'espace, c'est-à-dire
des mouvements. Dans le monde matériel, rien ne naît ni ne périt,
sauf les simples combinaisons des corps qui restent eux-mêmes toujours invariables. Mais ce n'est là qu'une apparence, et cette apparence est nécessaire, précisément parce qu'il y a deux tendances
opposées au fond des choses. Comme je l'ai montré, en effet, dans
un article précédent, la réalité anormale qui implique la tendance à
son propre anéantissement, ne peut posséder la tendance à se conserver, à s'affirmer, qu'à la condition de se déguiser, d'apparaître à
la conscience d'un sujet connaissant comme quelque chose de conforme à la norme, comme un monde de substances.

Le réel dans le monde de l'expérience, ce sont nos propres sensations et nos autres états intérieurs. Or ces états se trouvent dans un
flux perpétuel, et, même quand un état persiste quelque temps, sa
persistance est, non un repos, mais une renaissance continuelle de
tous les instants, comme je l'ai fait voir plus haut. Aussi un état
réel, même quand il persiste dans un repos apparent, est toujours,

dans le monde de l'expérience, un événement, et non un objet réel dans le vrai sens du mot, et cet événement est produit par deux tendances opposées. Comme déjà le disaient les anciens, « il naît et périt toujours et il n'est jamais véritablement ». L'être véritable est l'objet absolu, la substance, qui est, dans sa nature, soustraite à tout changement, où à laquelle tout changement est étranger. Mais notre monde ne nous présente que l'apparence de substances, de deux espèces de substances, substances spirituelles et substances matérielles. Il faut rechercher comment, dans ces deux ordres de substances apparentes, se présente le principe du changement.

Dans les substances spirituelles, c'est-à-dire en nous-mêmes, c'est la volonté qui produit tous les changements dont la cause n'est pas extérieure. Notre volonté n'est pourtant pas une faculté absolue de produire des changements, et bien loin de là; elle est elle-même engendrée par la tendance de notre état intérieur à son propre anéantissement. La volonté a un but, qui est le bien, et nous ne poursuivons le bien que parce qu'il nous manque et que sa privation constitue un état qui ne peut se suffire, rester identique à lui-même, mais qui tend vers son propre anéantissement. Si nous pouvions une fois atteindre le but de la volonté, le bien véritable ou absolu, toute volonté, par cela même, serait anéantie en nous, nous n'aurions rien de plus à vouloir. On voit donc que le principe du changement en nous n'est pas quelque chose d'absolu, mais au contraire le désaccord intime avec soi-même, qui est l'opposé du caractère absolu.

Nous n'avons cependant pas à insister ici sur la volonté, car son action, quel que soit son principe, a une sphère fort limitée, et n'affecte point le devenir général dans le monde. Dans sa généralité et son indestructibilité, la nature se présente à nous comme un monde de corps. C'est donc le principe du changement dans le monde qu'il nous faut étudier. Dans le monde matériel, nous l'avons dit, il ne peut y avoir d'autre changement que le changement de place ou de position réciproque dans l'espace, c'est-à-dire le mouvement. Quel est le principe du mouvement dans les corps?

Une des qualités premières ou primordiales des corps est l'inertie; un corps ne peut donc pas être par sa propre nature une cause, ne possède aucune puissance absolue et intrinsèque de produire des mouvements. Dire que les corps sont inertes, c'est dire que tout mouvement leur est en soi indifférent et accidentel, qu'ils n'en peu-

vent ni causer ou produire, ni anéantir aucun, mais seulement en
recevoir du dehors et les transmettre au dehors. Il faut, par conséquent, supposer que les corps sont de toute éternité en mouvement,
et que ce mouvement se maintient et conserve toujours la même
quantité d'énergie parce qu'il n'y a aucune cause qui puisse rien y
ajouter ou en rien soustraire. Le devenir se présente dans le monde
des corps comme quelque chose d'extrinsèque et d'accidentel en soi,
qui passe et repasse sur les corps sans les affecter. Or ce n'est là
en aucune manière l'esprit vrai de la réalité, et qui pourrait, en effet,
croire sérieusement que le changement soit dans le monde quelque
chose d'extrinsèque et d'accidentel? Le changement est au contraire
fondé dans l'essence intime de ce monde et son principe primordial
est, comme nous l'avons montré, la tendance de l'anormal à son
propre anéantissement. Mais puisque l'anormal, par suite précisément de cette tendance, ne peut exister qu'en se déguisant, qu'en
apparaissant comme un monde de substances, et puisqu'il y a une
incompatibilité absolue entre le concept de substance et le concept
de changement, le changement doit apparaître, dans un monde de
substances, comme quelque chose d'extrinsèque et d'accidentel, et
c'est bien ce qui arrive en effet.

Ce n'est là, disons-nous, qu'une apparence; aussi ne peut-elle
être affranchie ou purifiée de toute contradiction logique, et il est,
en effet, contradictoire que le mouvement se maintienne uniquement en vertu de l'inertie des corps. Il n'y aurait pas là de contradiction logique si de toute éternité tous les corps se mouvaient dans
la même direction et avec la même vitesse sans produire aucun
autre effet; mais que le corps mû puisse produire des effets, voilà
ce qui implique une contradiction logique; car l'inertie elle-même
est alors présentée comme un principe d'action.

Il faut bien remarquer toutefois que cette manière de concevoir
les corps et leurs mouvements renferme le *minimum* de contradiction logique, et qu'elle est destinée par conséquent à prévaloir dans
les sciences de la nature. D'après cette façon de voir, les corps sont
soumis uniquement aux lois mécaniques.

Les lois mécaniques ont cette particularité qu'elles ne présuppo-
sent comme inhérente aux corps eux-mêmes aucune force de produire le mouvement. D'après ces lois, il est indifférent à un corps
d'être en mouvement ou en repos, et, dans le premier cas, de se
mouvoir à droite ou à gauche, et avec telle ou telle vitesse; tout

dépend exclusivement de causes extérieures; le corps ne fait que recevoir le mouvement et le conserver ou le transmettre à un autre corps.

La première des lois mécaniques est celle de l'inertie même, celle d'après laquelle un corps ne peut passer de lui-même du repos au mouvement, ou, lorsqu'il est en mouvement, continue toujours de se mouvoir dans la même direction et avec la même vitesse, jusqu'à ce qu'une cause extérieure y produise quelque changement. Cette loi s'accorde parfaitement avec le concept de corps comme substance, puisqu'elle ne présuppose dans le corps ni causalité ni liaison intime avec les autres corps, et, par suite, elle est exempte de toute contradiction logique.

La seconde loi mécanique est la loi de la transmission du mouvement d'après laquelle si un corps qui se meut en rencontre un autre, il lui communique une partie de son mouvement dans une mesure déterminée par la masse respective des deux corps. Cette loi ne présuppose non plus aucune causalité inhérente aux corps eux-mêmes, ni aucune liaison intime entre eux qui puisse, avant leur rencontre, affecter leurs états, mais elle implique une certaine harmonie innée entre les corps, puisque, après le choc de deux corps, l'état de l'un est déterminé par la masse et la vitesse de l'autre. Toute loi commune à plusieurs choses manifeste une liaison intime de ces choses. Or il répugne à la nature des substances d'être liées entre elles. C'est pourquoi l'on ne peut pas, sans contradiction logique, admettre le règne d'une loi dans un monde de substances, et la loi de la transmission du mouvement est, en effet, inconciliable avec une inertie parfaite des corps. Ce qu'il faut bien faire comprendre, c'est que les corps sont, d'après leur concept, des substances, des objets absolus. Mais cette démonstration trouvera sa place dans la section suivante.

III. — LE PRINCIPE DE L'ORDRE DANS LA NATURE.

Nous avons vu que la même induction nous conduit à constater les forces et les lois, le principe de l'action, du changement, et le principe de l'ordre dans la nature. De ce que certains phénomènes se sont suivis ou accompagnés d'une manière constante, nous concluons qu'ils sont liés, et cette liaison est le principe, à la fois, de leur action et de l'ordre qu'ils observent dans leurs successions et dans leurs coexistences. Les lois des phénomènes ont leur fondement dans la manière dont les phénomènes sont liés. C'est tout ce que nous apprend l'induction, et l'induction est, en cette matière, la seule source de notre connaissance. Nous devons donc convenir que la nature a un côté soustrait à notre perception, un côté par lequel tous les phénomènes multiples et divers que nous percevons sont liés, ou, en d'autres termes, forment une unité. Ce côté de l'unité est le principe agissant, la *natura naturans*, que l'on a souvent confondue avec Dieu, avec l'Être suprême et parfait, mais qui n'est que la nature elle-même en tant qu'elle a une face soustraite à notre perception et, par conséquent, mystérieuse. Jamais l'induction ne peut nous faire dépasser l'expérience et le côté de la nature qui est l'objet de cette expérience. Mais si le principe agissant de la nature ne nous est pas directement accessible, nous pouvons en juger par l'ordre même des phénomènes, car cet ordre a son fondement dans ce principe.

On admet généralement que l'existence d'un ordre des phénomènes, d'un *Cosmos*, prouve d'une manière immédiate la présence d'un principe divin, ou au moins d'un principe intelligent dans la nature. Mais qu'est-ce donc au fond que l'ordre? C'est l'élément constant ou invariable dans le flux des phénomènes, et cet élément, étant donnée la nature fugitive des phénomènes eux-mêmes, ne peut résider que dans leurs rapports de coexistence et de succession. Or il est évident que sans cet élément invariable le monde des phénomènes n'existerait point. Un monde de substances, objets absolus, peut être pensé dans un état de chaos ou de désordre, et il y a même une contradiction logique à supposer qu'une multitude de substances puisse être assujettie à une loi générale et à un ordre commun: mais il n'en est pas de même des phénomènes qui n'existent que par l'invariabilité de leurs rapports mutuels constituant l'ordre du monde phénoménal. Il ne faut donc rien préjuger sur cet ordre, mais recueillir soigneusement le témoignage des faits.

Nous savons que la nature repose sur deux tendances opposées, la tendance à l'anéantissement et la tendance à la production et à la reproduction d'états et de phénomènes. Or rien de réel ne peut venir de rien, ni être anéanti. Si les phénomènes naissaient du néant et y retournaient, ils n'auraient rien de commun entre eux et ne se produiraient pas suivant des lois générales et immuables. Supposer que des phénomènes puissent sortir du néant et y retourner, c'est attribuer un caractère absolu au changement lui-même et à la matière du changement. Mais le caractère foncier de la nature normale et absolue des choses est, au contraire, l'identité avec soi-même; rien d'anormal ne peut donc être absolu; aussi n'y a-t-il point de changement ni de phénomène sans cause. De là suit que les phénomènes qui se produisent et se reproduisent à chaque instant viennent du côté de la nature qui est soustrait à notre perception et par lequel ils se tiennent tous ensemble.

Le côté de l'unité de la nature est cette *possibilité* du sein de laquelle sort tout ce que nous connaissons par l'expérience. Par exemple, ce que nous percevons comme des couleurs, des sons, des odeurs, ou d'autres qualités sensibles, est quelque chose de réel qui ne peut venir du néant et qui a, par conséquent, une existence dans le côté de la nature inaccessible à la perception. Nous ne pouvons évidemment nous faire aucune idée de cette existence potentielle des qualités sensibles, de cette existence qui doit avoir quelque analogie avec la préexistence d'un organisme dans son germe, ni expliquer pourquoi il y a précisément les espèces de qualités sensibles que nous montre l'expérience, et non d'autres. Nous pouvons seulement nous rendre compte de la manière dont ces qualités sensibles doivent apparaître dans l'expérience, puisque cette manière d'apparaître dépend d'une condition dont nous avons la certitude *a priori*.

Les éléments réels du monde de l'expérience sont nos sensations et nos autres états intérieurs. La tendance à l'anéantissement de soi-même produit dans ces éléments un flux et un changement perpétuel, de telle sorte que rien n'y persiste qu'en se reproduisant toujours de nouveau. Mais cette production et reproduction de phénomènes est assujettie à la condition qu'ils apparaissent comme des substances. La production des phénomènes ne pourrait pas constituer un ordre invariable si elle n'était organisée de manière à nous faire reconnaître un monde de substances, de corps dans l'espace. L'ordre invariable de l'expérience repose sur ce fait que nous reconnaissons toujours les mêmes corps dans l'espace, et que, si certains corps ne sont plus au lieu où nous les avions aperçus, nous pouvons les retrouver ailleurs, ou du moins nous rendre compte de leur existence continue dans un autre lieu.

Les corps sont, en effet, d'après leur concept, nous le répétons encore, des substances, des objets absolus. Par cela même qu'on se représente un objet dans l'espace, on se représente cet objet comme absolu, car l'espace qui le sépare de toutes les autres choses le rend indépendant de tout le reste. Pour penser un objet dans l'espace il n'est pas nécessaire de penser à un autre objet, soit dans l'espace, soit hors de l'espace. Pour notre pensée, tout objet existant dans l'espace est donc indépendant de tous les autres et, par conséquent, absolu.

Il faut comprendre, en particulier, que l'espace exclut entre les corps eux-mêmes toute liaison intime. Ce qui unit, en effet, deux corps doit se trouver dans tous les deux à la fois; or rien ne peut se trouver dans deux corps à la fois sans remplir aussi l'espace qui les sépare; car d'un corps à un autre, il n'y a point d'autre voie qu'à travers l'espace par lequel ils sont séparés. Mais une liaison de deux corps qui communiquent à travers l'espace interposé est une liaison tout extérieure, constituée par d'autres corps ou par des mouvements qui les mettent en communication. Il ne peut y avoir, par conséquent, entre les corps aucune liaison intime, fondée dans leur nature même; l'espace qui sépare les corps les uns des autres s'y oppose. De là suit qu'un corps ne peut agir là où il n'est pas, et la science doit tendre à expliquer toutes les actions des corps par le contact, c'est-à-dire par les seules lois mécaniques [1].

Mais nous devons nous arrêter ici un instant et faire une remarque importante. La plus simple réflexion montre qu'une multitude de substances réelles, d'objets absolus, ne pourrait être connue par un sujet, ni soumise à une loi commune. La connaissance suppose un rapport intime, fondé dans leur nature même, entre le sujet connaissant et les objets de sa connaissance, et entre ces objets eux-mêmes. Les objets de notre expérience ne sont donc pas des substances réelles, mais cela n'empêche pas que nous les connaissions comme des substances. Les objets réels de notre expérience sont nos sensations; mais nous les connaissons comme des corps dans l'espace et

---

1. Les corps ne peuvent pas avoir de liaison intime ou intérieure, parce que, d'une manière générale, ils n'ont point d'intérieur ou de dedans. Tout corps, en effet, peut être divisé en deux, et ce qui était le dedans en lui devient un dehors, une simple surface, et ainsi de suite à l'infini. Aussi voyez quelle absurdité est impliquée dans l'hypothèse d'une liaison intime des corps, par exemple d'une gravitation qui leur soit inhérente. Dire que les atomes matériels s'attirent réciproquement en raison inverse du carré de leurs distances, c'est faire un contresens, parce que, d'après cette affirmation, la force de l'attraction dépend, non d'une propriété des corps eux-mêmes, mais de la distance qui les sépare. L'espace vide, qui n'est rien, est donc représenté ici : 1° comme un agent réel, capable de produire les plus grands effets, et 2° comme le principe, au moins en partie, de l'action même qu'on veut attribuer aux corps. Cette accumulation d'absurdités a fait dire à Newton (dans une de ses lettres à Bentley) que, selon son opinion, aucun homme sensé ne pourra croire à une gravitation inhérente aux corps, et il cherchait lui-même une explication mécanique de la gravitation

toute l'expérience est organisée conformément à cette apparence. C'est là sa forme générale et nécessaire, tous les effets perçus devant se produire comme s'ils venaient de corps situés dans l'espace. Les lois de la nature doivent donc apparaître comme des lois du monde matériel, et l'on doit, autant que possible, les expliquer mécaniquement. Mais on comprend bien que cette explication ne peut jamais être complète, qu'elle laissera toujours quelque chose à expliquer. Voyez, en effet, ces contradictions : les objets réels sont nos sensations et celles-ci ont un côté soustrait à la perception par lequel elles se relient les unes aux autres; mais elles doivent, en même temps, apparaître comme des corps, et des corps dans l'espace, c'est-à-dire qui ne peuvent avoir aucune liaison intime, ni aucun côté soustrait à la perception. Il s'ensuit que l'explication mécanique, bien qu'elle soit obligatoire, en quelque sorte, pour les sciences physiques, n'a ni une vérité absolue, ni une efficacité universelle.

On est déjà parvenu à donner cette explication mécanique d'un grand nombre de faits et de phénomènes divers, à ramener au simple mouvement la chaleur, la lumière, l'électricité, l'action chimique. Il y a cependant, même dans la nature inorganique, des faits qui résistent encore à cette explication et dont le plus considérable est précisément la gravitation universelle. Quant à la vie organique, elle divise les esprits : les uns croient à la possibilité de l'expliquer mécaniquement; les autres y voient un phénomène *sui generis*, irréductible aux lois qui régissent les autres phénomènes. Essayons de voir ce qu'il en est.

La vie organique nous présente ce phénomène d'une simple forme se maintenant par sa propre vertu à travers le flux perpétuel des éléments matériels qui concourent à sa production. D'après son concept même, une forme n'est rien en soi, n'est qu'une simple combinaison; mais dans les organismes la forme apparaît comme un principe qui domine ses éléments constitutifs eux-mêmes. Il n'y a pas de matériaux spéciaux pour la production de la vie; les organismes sont composés de certaines substances chimiques qui se retrouvent partout dans le monde. Cependant jamais des molécules de carbone, d'oxygène, d'hydrogène, ou d'autres éléments des corps organiques ne parviennent d'elles-mêmes à se combiner en un organisme; jamais la vie organique ne naît de la matière inorganique; mais les particules de cette matière inorganique révèlent les propriétés vitales quand elles sont assimilées par un organisme déjà

existant, et perdent de nouveau ces propriétés quand cet organisme
les élimine ou quand il vient à mourir. Voilà donc une forme dont
les propriétés se présentent comme indépendantes des éléments qui
la composent, indépendantes, 1° quant à leur origine, et 2° quant au
principe même de leur survivance. Il faut supposer que le corps de
chacun de nous est rattaché, par une succession ininterrompue de
procès organiques, aux origines mêmes de la vie. La forme organique s'est donc perpétuée pendant des centaines et des milliers de
siècles sans intermittence, et cependant le trait caractéristique de
l'organisation et de la vie est précisément l'instabilité de l'équilibre
dans les combinaisons qui en sont animées. Il faut donc convenir que
l'organisation est une forme qui ne peut pas être expliquée par ses
éléments constitutifs.

Prenons, pour rendre la chose plus claire, une plante. Même une
petite plante a des parties fort diverses; elle a des racines, une tige,
des feuilles et, quand vient le temps, des fleurs qui sont ensuite rem-
placées par des graines et des fruits. Du même suc que la plante éla-
bore elle forme toutes ces parties si diverses et dont chacune présente des structures très variées et très complexes. Et, ce qui est un
trait capital, toute cette organisation est prédéterminée par le germe
d'où la plante est sortie. Autre, en effet, est l'organisation d'un
chêne, de ses feuilles, de ses fruits, etc., et autre celle d'un saule et
d'un bouleau, quoiqu'ils puisent leur nourriture dans le même sol et
dans le même air. Le principe de cette organisation se réalisant elle-
même à chaque instant ne peut donc pas résider dans ses éléments
matériels; les fonctions vitales ne peuvent pas être expliquées par
les lois physiques et chimiques propres à ces éléments.

Et cependant l'organisation, n'étant qu'une simple forme, ne peut
posséder aucune force qui lui soit propre. La science a constaté, en
effet, que dans les corps organisés aucune autre force ne produit des
effets mesurables que les forces dégagées par les processus chimiques
que l'on observe dans l'organisme. La chaleur dégagée par les corps
vivants et toutes les transformations et tous les mouvements, aussi
bien des parties intérieures que des membres, ne sont que des transformations du mouvement toujours présent dans le monde des corps
et dont l'énergie totale ne varie point. Enfin tout se passe mécaniquement dans les organismes, mais nous y voyons cependant des
effets foncièrement étrangers au mécanisme.

Suivant les lois mécaniques, tous les mouvements sont indifférents

aux corps, et, en effet, tant que les corps sont à l'état inorganique,
il leur est indifférent de se mouvoir à droite ou à gauche, de se rapprocher ou de se séparer. Mais dès que des pélicules deviennent
parties intégrantes d'un organisme vivant, cette indifférence cesse
comme par enchantement : elles concourent toutes à réaliser et à
entretenir l'organisation prédéterminée dans le germe. Et jamais on
n'a pu saisir la puissance qui produit ces effets surprenants! Elle se
dissimule si bien que plusieurs se croient en droit de la nier.

Il est intéressant de voir comment un maître de la science a envi-
sagé ce problème. Dans son article sur la *Définition de la vie*,
Claude Bernard s'exprime ainsi [1] : « Il est non moins clair que ces
actions chimiques en vertu desquelles l'organisme s'accroît et
s'édifie, s'enchaînent et se succèdent en vue de ce résultat qui est
l'organisation et l'accroissement de l'individu animal ou végétal. Il y
a comme un dessin vital qui trace le plan de chaque être et de
chaque organe. » Claude Bernard avoue-t-il donc franchement l'insuffisance du mécanisme pour expliquer la vie? Non, il semble tergi-
verser d'une façon surprenante. Il appelle le principe de l'organisation et de la vie « une force métaphysique » (?) et dit que « cette force
est inutile à la science, parce qu'étant en dehors des forces physiques elle ne peut exercer aucune influence sur elles.... » Une force
métaphysique et qui n'exerce aucune influence, c'est une expression
qui n'a évidemment aucun sens; si cette force ne produisait pas
d'effets, il n'y aurait pas lieu d'en parler. La vérité sur ce point est
plutôt le contraire de ce qu'en dit Claude Bernard : l'organisation
ou la vie ne possède point de force distincte et produit néanmoins
des effets visibles. On voit donc que, pour les sciences physiques,
la vie est une énigme absolue.

Mais on trouve le mot de cette énigme, quand on sait que dans
l'expérience tous les effets, bien que provenant en apparence des
corps, sont produits réellement par la liaison générale des phénomènes, par ce côté d'unité dans la nature, dont nous nous occupons
maintenant. Si le mécanisme avait une vérité absolue, il devrait pouvoir expliquer la vie. S'il n'y avait point, dans le monde, d'autre
principe d'action que le mouvement déjà existant des corps, tous
les phénomènes de la vie organique devraient découler de la
nature du mouvement d'une manière aussi claire et aussi complète

1. Claude Bernard, *la Science expérimentale*, 1878, p. 209.

que les phénomènes de la chaleur et de la lumière. Nous voyons, au contraire, qu'il y a un contraste ou une disparate entre le mécanisme et la vie, et que l'une ne peut être déduite de l'autre. C'est que, quoique tous les effets se reproduisent conformément à l'apparence de corps, cette apparence, impliquant par sa nature même une contradiction logique (des sensations représentées comme des corps dans l'espace), doit nécessairement se trouver en défaut, notamment dans son rapport avec le sujet connaissant, siège de l'apparence, et dans la vie organique qui sert à établir ce rapport, qui est comme le trait d'union entre le monde des corps bruts et le sujet connaissant. Nous avons examiné la vie organique; il faut examiner encore le rapport du sujet connaissant avec son organisme corporel.

Depuis le commencement de notre vie consciente, nous constatons invariablement le fait que notre volonté produit ou détermine des mouvements de notre corps. Or ce fait est inconciliable avec la loi de la conservation de la force telle qu'elle apparaît dans le domaine des sciences physiques. D'après cette loi, rien ne peut produire le mouvement d'un corps, si ce n'est un mouvement précédent qui se transmet à ce corps. Comment faut-il donc concevoir sans contradiction logique l'action de notre volonté sur le corps? On le croirait à peine, mais il y a des savants qui nient cette action elle-même, qui affirment que les mouvements de notre corps voulus par nous sont produits en réalité par des mouvements cérébraux que nous ne pouvons percevoir, et que notre volonté ne fait qu'accompagner ces mouvements cérébraux sans exercer sur eux aucune influence : notre corps se meut toujours de lui-même, et notre volonté et notre conscience ne sont qu'un reflet accessoire et inutile de ces mouvements. Si, par exemple, j'écris à présent ces lignes, la cause n'en est nullement en ce que j'ai des pensées et veux les exprimer par des signes visibles; c'est là une circonstance tout à fait accessoire et insignifiante; ma main aurait écrit ces mêmes lignes quand même ses mouvements ne seraient accompagnés d'aucune intention, d'aucune conscience! On conviendra que c'est une affirmation bien étrange.

Mais écoutons, sur cette question également, un maître de la science moderne. Huxley s'exprime ainsi : « Avons-nous quelque raison de croire qu'une sensation ou un état de conscience soit capable d'affecter directement le mouvement même de la molécule la plus petite que l'on puisse concevoir de la matière? Cela est-il seulement concevable? Si nous répondons négativement, il s'ensuit qu'une volition peut être un signe, mais non une cause du mouvement corporel. Si nous répondons par l'affirmation, alors (ô prodige!) les états de conscience ne peuvent plus être distingués (*are undistinguishable*) des choses matérielles; car c'est la nature essentielle de la matière d'être le véhicule ou le *substratum* de l'énergie mécanique [1]. »

Huxley semble ne se décider ni pour l'une ni pour l'autre de ces deux réponses, quoiqu'il n'y ait pas de milieu entre l'affirmation ou la négation de la même chose. Mais l'affirmation, dans le sens que lui donne Huxley, ne diffère pas de la négation en ce qui concerne l'influence de la volonté sur les mouvements. Si notre volonté ne produit des mouvements corporels que parce qu'elle est elle-même identique à certains mouvements au point de ne pouvoir en être distinguée, elle n'est toujours pas la cause, mais un simple accompagnement des mouvements, et l'on tombe encore, par surcroît, dans l'absurdité de l'identifier avec eux. Mais en réalité, bien loin de ne pouvoir distinguer notre volonté des simples mouvements ou déplacements de corps dans l'espace, nous voyons au contraire qu'elle n'a dans sa nature absolument rien de commun avec eux, et que c'est comme état psychique, comme volonté qu'elle produit des mouvements. Pour vouloir une chose, nous devons savoir qu'elle nous est bonne en vue d'un but quelconque, et c'est pour atteindre ce but que nous voulons et produisons les mouvements corporels propres à nous y faire parvenir. Nous faisons souvent des préparatifs pour atteindre un but auquel nous n'arriverons que dans un avenir lointain. Comment croire que des processus aveugles s'accomplissant dans un cerveau puissent déterminer des mouvements en vue d'un but qui est situé, non seulement hors de nous, mais même en dehors de toute réalité présente? Comment surtout le croire, en voyant que ce sont nos intentions qui se réalisent par les mouvements de notre corps? Il faudrait pour cela répudier jusqu'à la dernière lueur du bon sens.

On voit donc à quoi l'on est réduit par l'apparence des corps, de ces objets absolus et indépendants de nous : on en vient à penser que, dans le monde connu tout entier, la chose la plus inutile et la plus insignifiante c'est nous-même, c'est le sujet qui connaît ce monde! Peut-on se moquer de soi-même de plus plaisante façon?

L'action de notre volonté sur les mouvements de notre corps est

1. *Nineteenth Century*, avril 1887. p. 196.

inconciliable avec la loi de la conservation de la force, telle qu'elle
se présente dans le domaine des sciences physiques? C'est que cette
loi se présente sous un faux aspect. La matière, n'existant pas en
réalité, ne peut pas être, comme le dit Huxley, « le véhicule ou le
substratum de l'énergie ». Au contraire, l'action de notre volonté est
parfaitement conciliable avec la loi de la conservation de la force
telle qu'elle doit être réellement entendue et qu'elle existe réellement ; car c'est le même principe qui produit l'action de notre
volonté sur les corps apparents et l'action apparente de ces corps
les uns sur les autres. Notre volonté ne possède pas plus qu'une
autre cause individuelle une puissance propre ou intrinsèque de
produire des effets, et ne peut par conséquent porter aucune atteinte
à la loi de la conservation de la force. On dira peut-être qu'à ce
point de vue notre volonté n'est pas plus une cause véritable qu'elle
ne l'est au point de vue des sciences physiques; mais, en fait, il y a
entre ces deux points de vue une différence fondamentale. Si le
principe de toute action était l'énergie contenue dans le mouvement
d'un monde matériel, notre volonté ne serait en aucun sens la cause,
l'antécédent nécessaire des effets que nous lui attribuons, parce
que ces effets auraient alors d'autres antécédents, différents et indépendants de notre volonté qui ne ferait que les accompagner inuti-
lement; tandis qu'au point de vue de la réalité vraie, notre volonté,
quoique ne possédant en soi aucune puissance intrinsèque d'agir,
n'en est pas moins la cause, l'antécédent nécessaire de tous les
effets voulus. Car tous ces effets se produisent uniquement en conséquence de nos volitions, bien loin d'en être indépendants.

Une difficulté tout aussi insurmontable pour les sciences physiques se présente quand il s'agit d'expliquer l'action de notre corps
sur nos sensations et nos autres déterminations intérieures; mais
nous n'avons pas à nous en occuper ici. Comme je l'ai déjà remarqué,
le sujet connaissant est, au point de vue des sciences physiques, la
chose la plus inutile et la plus embarrassante du monde, parce
qu'il ne se laisse ni absorber dans son corps, ni éliminer du monde
des corps. Il est, peut-on dire, comme une épine dans le flanc de ces
sciences. Mais quand on comprend ce que les choses sont en réalité,
cette difficulté disparaît. C'est, il est vrai, pour faire place à d'autres
difficultés qui, si elles sont, en effet, insurmontables elles-mêmes,
proviennent du moins, non d'une simple apparence, mais du fait
même d'une réalité ou d'une existence anormale.

IV. — LA FINALITÉ DANS LA NATURE.

De tout temps les hommes ont cru reconnaître dans la nature l'action d'un principe intelligent ou semblable à ce que nous reconnaissons en nous-mêmes comme une intelligence. On peut se faire une idée assez claire de la genèse de cette croyance. D'abord nous reconnaissons qu'il existe d'autres hommes, d'autres êtres semblables à nous, en inférant leur existence de la ressemblance de leurs corps et de leurs mouvements avec les nôtres. On sait que cette connaissance se produit de très bonne heure; quarante jours après sa naissance, un enfant sourit déjà à sa mère; il a, par conséquent, compris dès lors que sous cette forme qu'il voit et qu'il touche réside un être parent et ami de son propre être. Par la même voie, nous reconnaissons encore d'autres êtres semblables à nous, mais à un degré plus éloigné, les animaux. Il faut bien remarquer que la conclusion par laquelle nous reconnaissons d'autres hommes et des animaux comme doués, par analogie avec nous, d'intelligence et de volonté, est une induction parfaitement valide et légitime. Cette conclusion repose non sur une simple observation des faits, mais sur des expériences répétées presque à tous les moments de notre vie. Toute action que j'exerce sur un homme, par exemple, toute parole que je lui adresse est une expérimentation qui met ma conclusion à l'épreuve, et ma prévision qu'il réagira à la manière d'un être doué de volonté et d'intelligence se trouve ainsi confirmée à tout moment. Aussi personne n'a jamais douté de l'existence des autres hommes, et si Descartes et son école niaient chez les animaux toute ressemblance intérieure avec nous, c'était évidemment par esprit de système.

Mais les hommes ne se sont pas arrêtés à ces inductions légitimes. Une fois lancés dans cette voie, ils ont étendu le procédé de manière à voir dans tout ce qui se meut un principe doué de volonté et d'intelligence. Aujourd'hui même, alors que l'on sait que les lois de la nature sont universelles et révèlent un principe unique, la plupart des hommes attribuent l'intelligence à ce principe. Comme fondement de cette croyance, on allègue les signes d'une finalité dans la nature, et particulièrement dans la nature organique. Nous avons vu, en effet, que l'organisation et la vie ne peuvent pas être expliquées mécaniquement. On pourrait donc croire que rien ne s'oppose à ce qu'on y reconnaisse l'action d'un principe intelligent.

Mais il faut examiner très attentivement ce point avant de rien décider.

On admet généralement que le principe de toutes les actions dans la nature, ou plus exactement le principe qui leur a donné naissance, est une cause individuelle, un être situé hors du monde, et l'on attribue à cet être l'intelligence qui paraît se révéler dans la nature. Mais cette croyance est sans valeur parce qu'elle est en désaccord avec les fondements mêmes de toute supposition rationnelle de causes. Nous connaissons toutes les causes au moyen de l'induction, et la validité de l'induction repose sur la liaison générale des phénomènes qui unit toutes les causes à leurs effets, et en fait, par conséquent, des parties intégrantes du monde, au même titre que leurs effets. Il est donc évident que l'induction, partant des faits donnés, ne peut jamais nous conduire à une cause située en dehors du monde des faits donnés. L'induction nous révèle, il est vrai, le principe agissant de la nature, mais elle le révèle comme la raison de toute causalité, en vertu de laquelle telles causes ou tels antécédents déterminés produisent tels effets déterminés, et non comme une cause individuelle. Une cause située en dehors du monde serait une cause située en dehors de toute causalité, c'est-à-dire un contresens. Mais je n'ai pas besoin de m'étendre sur ce sujet après l'avoir traité dans la première section de cet article.

Il est difficile de voir sans surprise un penseur comme Stuart Mill, qui s'est tant occupé de la logique de l'induction, méconnaître la portée de ce raisonnement au point de croire qu'il nous autorise à supposer, en dehors du monde, un être intelligent, non pas, il est vrai, comme créateur ni comme principe agissant de la nature, mais comme auteur de l'ordre qu'elle présente [1]. Mill appuie cette prétention à la manière des autres partisans d'un principe intelligent, sur le fait de la finalité, c'est-à-dire de la prévision de fins ou de buts à atteindre qui se rencontre dans l'expérience. On prend pour exemple la structure des organes destinés à certaines fonctions, de préférence l'exemple de l'œil si manifestement organisé pour rendre la vision possible. L'œil, dit-on, est un organe compliqué, renfermant une multitude presque innombrable de parties organiques combinées dans un ordre déterminé. Donc, la production de l'œil ne peut pas être due à un concours fortuit de particules matérielles; l'œil est

1. Voir l'*Essai* posthume de Stuart Mill *sur le Théisme*.

évidemment organisé en vue d'une fin; il est fait pour rendre la vision possible; ce but, la vision, n'existant pas avant l'œil, et ne pouvant pas, par conséquent, en être la cause efficiente, doit en être considéré comme la cause finale. Ainsi est autorisée la conclusion que le principe qui a produit l'œil, l'a organisé en prévision de sa destination, et, par là, se manifeste une prévision et une intention, c'est-à-dire une intelligence.

Il est cependant aisé de voir que ce raisonnement pèche par la base. La similitude des effets peut autoriser la conclusion à la similitude des causes quand il s'agit de causes individuelles; mais allant de causes individuelles au principe général de toute causalité, cette conclusion est injustifiable, parce que la dissemblance du principe général et de toutes les causes individuelles ressort de l'induction même qui nous fait connaître aussi bien celui-là que celles-ci. Nous ne poursuivons et nous n'atteignons un but qu'à la condition de le prévoir; mais il ne s'ensuit nullement qu'il en soit de même pour la nature. Nous devons agir dans un monde qui contient les conditions de notre bien-être et de notre existence même, et nous ne pouvons par conséquent parvenir à aucune fin sans connaître, c'est-à-dire sans avoir présents dans nos idées, les objets extérieurs et leurs manières d'agir. Mais le principe agissant de la nature n'est pas distinct des objets naturels; il leur est inhérent, puisqu'il est la nature même dans son côté d'unité, où tous les phénomènes divers se tiennent ensemble. Le principe agissant de la nature n'a donc pas besoin de prévoir la destination des organes et de leurs fonctions, parce qu'il est lui-même ce qui construit les organes et exerce leurs fonctions. Ce principe agit non seulement dans l'œil destiné à recevoir l'impression de la lumière, mais aussi dans la lumière qui affecte l'œil. Il lui manque donc le caractère distinctif de l'idée, de la représentation, à savoir le rapport nécessaire de l'idée avec un objet extérieur par rapport à elle, et la croyance à la réalité de cet objet comme existant en dehors d'elle. Le principe agissant de la nature étant inhérent à tout et n'ayant en dehors de lui aucun objet, ne peut pas avoir des idées, des représentations, et il n'en a pas besoin.

On voit, en effet, avec la plus légère attention qu'il n'y a aucune analogie entre l'action de la nature, s'exerçant du dehors, et l'action réfléchie de l'homme, s'exerçant du dedans, sur les choses, et qu'il y a au contraire beaucoup d'analogie entre l'action de la

nature dans les formations organiques et celle de l'instinct chez les
animaux inférieurs qui n'ont aucune conscience des fins qu'ils poursuivent. L'exemple le plus frappant, et bien connu, est celui de ces
insectes qui déposent leurs œufs dans les endroits où la nourriture
et les conditions d'existence les plus favorables sont assurées à leur
progéniture, bien qu'ils no pu' .ent avoir aucune connaissance de
cette progéniture ni de sa manière de vivre. Il est donc clair que
nous ignorons l'action de la nature en elle-même, que nous ne pouvons nous en faire aucune idée, et c'est une aberration que de
s'obstiner à croire qu'on la connaît et de l'assimiler à celle de
l'homme.

Ce qui induit en erreur, ici comme partout ailleurs, c'est cette
apparence de corps qui semblent exister d'une manière absolue et
les uns indépendamment des autres. Si les corps existaient réellement, tout ordre dans leurs rapports et leurs combinaisons — à supposer qu'ils puissent être soumis à un ordre quelconque, ce qui est
déjà contradictoire — devrait, en effet, leur venir du dehors, d'un
principe surnaturel ou extra-naturel unique, qui les contraignît à
suivre des voies tracées par lui à l'avance, et qui, par conséquent,
eussent dû préexister en lui sous forme d'idées ou de représentations. Mais c'est là une supposition si étrange et si dénuée de toute
raison qu'il n'est pas nécessaire de s'y arrêter après tout ce qui a été
dit auparavant, et elle devient d'ailleurs tout à fait superflue quand
on comprend que l'existence absolue des corps est une simple apparence.

Pour mieux nous en convaincre, prenons l'exemple si cher aux
partisans de l'argument téléologique : la structure de l'œil. Il n'est
pas difficile de montrer que l'adaptation de l'œil à la vision des
objets est une pure apparence et qu'en réalité elle ne sert en rien à
cette vision. L'adaptation de l'œil a pour effet que des images distinctes des objets extérieurs se projettent sur la rétine. Or, c'est un
fait établi que ces images de la rétine ne peuvent ni être vues du
dedans ni servir à la vision des objets. Car : 1° si l'on voyait ces
images, on verrait les objets renversés, puisque ces images les présentent ainsi; mais 2° ces images ne peuvent pas être vues du
dedans, parce que la vision s'effectue, non dans la rétine, mais à
l'autre extrémité du nerf optique, et que le nerf optique ne peut pas
transmettre des images entières, mais seulement des impressions
isolées et dépourvues de toute forme. Enfin, ce qui tranche la ques-

tion, c'est 3° le fait que nous voyons directement les objets eux-mêmes, et aux lieux précis qu'ils occupent dans l'espace, comme je l'ai montré dans un autre article [1]. Ainsi il est prouvé en toute évidence que la vision ne comporte pas d'intermédiaires ou de milieux matériels. Mais notre vision est cependant organisée *comme si* elle dépendait d'organes corporels, puisque toute action sur les yeux affecte la perception visuelle des objets. C'est là aussi une des nécessités qui déterminent l'organisation de l'apparence naturelle; mais nous n'avons pas à nous en occuper ici [2].

Cependant, pour bien juger la finalité de la nature, il faut la prendre dans son fort. Qu'avons-nous besoin de chercher curieusement, à travers les œuvres de cette nature, des traces d'intelligence, quand nous trouvons parmi ses œuvres l'intelligence elle-même? Ne sommes-nous pas nous-mêmes des produits de la nature? C'est donc ici que se montrera le plus clairement ce que vaut l'argument téléologique. Pour beaucoup d'esprits, c'est un axiome évident de soi qu'un être pensant ne peut être produit ou engendré que par un autre être pensant; mais voyons comment les choses se présentent en réalité. Comme nous l'avons constaté, le principe qui produit ou engendre tout dans la nature n'est autre chose que la nature elle-même dans son côté soustrait à la perception, où sont liés tous les phénomènes divers. La nature, en effet, a deux côtés différents, l'un par où elle est une, l'autre par où elle est multiple. Dire que le principe agissant de la nature possède une intelligence, ou, d'une manière générale, quelque chose de semblable à ce qui est en nous, c'est dire que les deux côtés différents sont semblables ou se ressemblent, qu'ils ne diffèrent pas l'un de l'autre. Cette supposition, bien loin d'être une vérité manifeste, est un contresens, au contraire. La nature, en dehors de nous, n'a pas d'intelligence, n'a pas non plus conscience d'elle-même, parce que nous sommes son intelligence et qu'elle parvient à la conscience d'elle-même en nous seulement.

Ce qui complique cette question pour la plupart des hommes, et rend impossible la vue claire de la réalité, c'est la croyance que la nature est manifestement la création de Dieu, l'être suprême et parfait. Aucune erreur n'a jamais eu des suites aussi étendues et aussi

1. Voir plus haut et le premier volume de ces *Esquisses*, p. 31.
2. Nous y reviendrons dans l'article suivant, dans le tableau de l'enchaînement des choses.

funestes, et aucune n'a persisté d'une manière aussi invariable. Elle est la source de toutes les atrocités commises au nom de la religion, depuis les premières victimes humaines immolées aux dieux par la terreur, jusqu'aux dragonnades de Louis XIV. On ne saurait énumérer les maux qui en ont résulté pour l'humanité. C'est que cette croyance est la ruine de la vraie moralité et de la vraie religion.

Si l'on admet que Dieu est, par rapport à nous, une puissance extérieure, qu'il a créé ce monde ou le gouverne, on enlève à notre conscience morale toute autorité, parce qu'elle ne peut plus être considérée comme une révélation immédiate de Dieu. La nature physique, étant, non comme la conscience morale, une simple idée ou un sentiment subjectif, sujet à l'erreur, mais une réalité objective, est, dans cette supposition, la seule révélation authentique de Dieu, et, pour connaître la volonté de Dieu, il faut voir comment il gouverne le monde. Or, dans ce monde, règnent l'injustice et la violence. Il faudrait donc en conclure que Dieu le veut, et l'on voit ce que deviendraient la morale et la religion. Mais, par cette supposition, la connaissance de la nature est également faussée; car l'on ne pourra jamais comprendre ce qu'elle est en réalité, si l'on ne comprend pas qu'il y a une opposition radicale entre ce qui est divin et ce qui est naturel. La nature n'a ni moralité ni intelligence.

C'est ce que nous montre bien son action dans le monde des organismes vivants. On s'extasie volontiers sur la complication et l'agencement ingénieux des parties dans un être organisé. Mais la perfection d'une machine est-elle donc dans sa complication? Bien au contraire; ce sont les esprits grossiers qui l'admirent; l'homme cultivé apprécie plutôt la simplicité et estime d'autant plus un mécanisme qu'il atteint son but par des moyens moins compliqués. Pour un être pensant, il est triste et répugnant de se voir lié à un organisme si complexe, et de porter dans un corps tout cet attirail d'engins physiques et de combinaisons chimiques, sujet à des dérangements, à des accidents sans nombre. Mais l'essentiel, ce n'est pas l'ensemble des moyens pour atteindre une fin, c'est la fin elle-même. Or quel est le but poursuivi par la nature au moyen de tous ses artifices? On ne trouve point d'autre but apparent que la production et la conservation d'une vie qui est, en elle-même, dépourvue de valeur. Car c'est la vie d'une multitude d'êtres périssables, dont la nature même repose sur une apparence, qui sont assujettis à des maux innombrables et forcés à multiplier eux-mêmes ces maux par

la guerre sans trêve ni merci qu'ils se font entre eux pour leur seule
conservation. L'homme est le produit le plus élevé de la nature, et
il n'a de valeur que par sa tendance et sa capacité à s'élever au-
dessus de la nature. Voilà qui dit tout.

Il ne faut donc chercher dans la nature aucun principe supérieur.
Le seul élément moral qu'elle laisse voir est la tendance qui a déterminé l'évolution des espèces vivantes et abouti à la création de
l'homme. C'est de cette évolution que nous avons à nous occuper
encore.

V. — LA SIGNIFICATION ET L'ÉVOLUTION DE LA VIE.

Nous constatons en nous-mêmes une tendance vers le divin. Rai-
sonnablement nous ne pouvons nous proposer d'autre but dans la
vie que de tendre, en effet, au bien et au vrai, que de nous efforcer
de faire régner en ce monde les normes supérieures. Mais nous ne
sommes, pour ainsi dire, que la tête, ou, si l'on veut, la fleur de la
nature; notre tendance au divin ne peut donc être que la tendance
de la nature elle-même arrivée à la conscience de soi. Car le
divin n'étant rien autre que la nature vraiment propre ou normale
des choses, toute réalité anormale, séparée de Dieu, et, par cela
même, se trouvant en désaccord avec elle-même, doit tendre
naturellement et nécessairement à retourner vers Dieu. Ainsi en
est-il de la nature physique. Seulement nous ne devons pas nous
attendre à rencontrer cette tendance dans la nature sous la même
forme que chez nous, car nous ne serions alors ni nécessaires ni
possibles. Comme la nature n'a pu atteindre son but que par la
création de l'homme, sa tendance vers le divin n'a trouvé aucun
autre moyen de se manifester que l'évolution de la vie, évolution
dont l'homme est le terme. Nous constatons, en fait, que la nature
n'avait pas à sa disposition une voie plus courte. Aussi ne faut-il pas
s'attendre à découvrir dans son action des procédés semblables à
ceux d'un être qui connaît son but et qui a conscience de lui-même.

L'origine de la vie se dérobe à nos regards. Toutes les expériences,
toutes les observations établissent ce fait qu'elle ne naît jamais spontanément, qu'elle est toujours, dans les mêmes formes ou dans des
formes nouvelles, la continuation seulement d'une vie antérieure.
Nous n'avons aucune raison de nous en étonner, car toutes les origines sont inexplicables, comme l'existence même de la réalité

anormale qui exige une explication à la fois et exclut toute explication. Mais sur les transformations de la vie, sur l'évolution qu'elle a
parcourue, on a vu paraître, tout récemment, l'intéressante théorie
de Darwin qui a apporté, en effet, quelque lumière. Il faudrait être
aveuglé par l'esprit de système, pour admettre, avec certains partisans de l'hypothèse transformiste, que cette hypothèse peut expliquer entièrement tout le développement des formes organiques. Car
ce n'est rien moins que de croire que toutes les formes de la vie,
l'homme y compris, sont créées par les circonstances extérieures,
sans qu'il y ait aucun principe de développement inhérent à la vie
elle-même, et quoi de plus inacceptable, surtout quand on sait que
le monde connu ne peut pas exister sans le sujet connaissant! Mais
que les circonstances extérieures aient joué un rôle important dans
l'évolution des formes organiques, c'est ce que Darwin a rendu fort
probable, et il a projeté, d'une manière générale, un jour nouveau
sur les procédés de la nature dans la création et la conservation des
êtres vivants. D'abord, il a le premier fait remarquer que le grand
moyen qu'elle emploie pour la conservation des êtres vivants est la
multiplication des germes. Dans les genres inférieurs, les êtres
vivants émettent une quantité à peine calculable de germes ou
d'œufs. Ces germes et les organismes qui en sortent sont abandonnés
à tous les hasards, de sorte que la plupart périssent et que ceux-là
seuls qui sont favorisés par les circonstances extérieures parviennent
à se conserver et à se propager. Darwin prétend que cette sélection
naturelle a pu amener la transformation des êtres vivants, produire
des espèces nouvelles et de plus en plus parfaites jusqu'à l'homme
inclusivement. Mais c'est là, comme je l'ai remarqué, une prétention
inadmissible. Même si l'adaptation des êtres aux circonstances et
aux milieux avait pu déterminer un perfectionnement de ces êtres,
ce ne serait qu'un perfectionnement par sa propre nature tout
relatif, et qui n'expliquerait pas du tout l'apparition de l'homme et
de la civilisation dans l'humanité. Il est superflu, d'ailleurs, de combattre les ambitions excessives de la théorie de Darwin; toute hypothèse, à ses débuts, a ses exagérations. L'intéressant pour nous,
c'est le côté vrai de cette théorie et la vue qu'elle nous ouvre sur
l'action de la nature. La trop grande multiplication des êtres vivants
et la nécessité qui en résulte pour eux de lutter incessamment afin
de se conserver, sont des faits indiscutables et qui nous prouvent
assez que la nature est dépourvue de moralité et d'intelligence. Mais,

d'un autre côté, le fait de l'apparition de nouvelles espèces de plus
en plus intelligentes, et enfin de l'espèce humaine, démontre que la
nature a une tendance primitive vers l'intelligence et la moralité.
Un examen attentif fournit des preuves encore plus directes de cette
tendance.

En quoi consiste la différence fondamentale entre l'homme et les
animaux? Ceux-ci conservent toujours les caractères propres à leurs
espèces; ils ne peuvent ni rien apprendre ni se perfectionner par
eux-mêmes. L'homme seul apprend et se perfectionne. Il faut voir à
quoi tient cette différence. Or on découvre que c'est la nature elle-
même qui affranchit l'homme de la servitude, et lui laisse une certaine liberté d'allure, tandis que tous les autres animaux sont inexo-
rablement renfermés et retenus par elle dans les cadres de leurs
caractères spécifiques.

Que l'on se rappelle d'abord ce qui a été établi au commencement
de cette étude, à savoir qu'aucune cause individuelle ni aucun objet
individuel n'agit par sa propre puissance, que le seul vrai principe
agissant est la liaison générale des phénomènes. C'est cette liaison
générale des phénomènes, ce côté d'unité de la nature auquel on
pense quand on dit : la nature fait ceci ou fait cela. Or chez les animaux inférieurs, la nature ne produit pas seulement les mouvements
de leurs corps conformément à leur volonté, mais détermine entièrement aussi cette volonté elle-même de manière à faire correspondre
chaque action de l'animal à l'excitation dont il subit l'influence en
stricte conformité avec son caractère spécifique. C'est cette détermination du principe général de la nature dans les animaux inférieurs
qu'on appelle leur instinct. L'instinct n'exclut pas l'intelligence,
même chez les animaux inférieurs, mais il ne lui laisse qu'une sphère
d'action fort limitée. Nous voyons, par exemple, qu'un poussin, à
peine sorti de l'œuf, se met à courir et à becqueter. Ce poussin n'a
pas besoin évidemment de rien apprendre; aussi est-il incapable de
rien apprendre; c'est la nature qui fait tout en lui; son individualité
propre est une simple apparence en dehors de ses sensations de
plaisir et de douleur. L'homme, au contraire, est forcé d'apprendre
l'usage de ses membres, et c'est là le fondement de sa liberté vis-à-
vis de la nature. Comme c'est toujours la nature elle-même qui
produit tous les mouvements, ceux de notre corps aussi bien que
tous les autres, il est évident qu'elle a dû s'abstenir expressément
d'agir pour que nous fussions capables, et en même temps forcés,

d'apprendre nous-mêmes l'usage de nos membres. Elle ne nous a
pas renfermés, comme les autres animaux, dans un cadre ou un
moule immuable, mais nous a laissé la latitude du progrès ou du
perfectionnement. Il reste à comprendre comment, par une simple
abstention, elle peut favoriser le développement de l'intelligence.

L'intelligence ou la pensée a deux natures différentes : une nature
physique et une nature logique. La pensée est, d'un côté, un phénomène ou un événement réel, ayant des causes physiques et soumis
à des lois physiques; mais elle a, d'un autre côté, la faculté de
reconnaître toutes choses, et ses lois, par ce côté de sa nature, sont des
lois logiques. Or la nature logique de la pensée peut seule être considérée comme sa nature vraiment propre ou normale, et ses seules
lois normales sont les lois logiques. Car il est dans la nature propre
de l'intelligence ou de la pensée de rechercher et de reconnaître le
vrai, et, en cela, elle est guidée ou déterminée par les lois logiques,
tandis que toute action de causes et de lois physiques dans la pensée
ou l'intelligence l'induit en erreur et constitue par conséquent un
empêchement de sa fonction normale. Si elle n'en était pas empêchée
par des conditions extérieures par rapport à sa propre nature, toute
intelligence serait parfaitement lucide et connaîtrait toute la vérité.
Mais le rôle lui-même de l'intelligence dans ce monde est de servir
à l'apparence qui en est la condition nécessaire, de sorte qu'elle est,
dès l'origine, fatalement soumise à des conditions et à des lois physiques qui pervertissent ses fonctions, l'induisent en erreur et l'em-
pêchent de reconnaître le vrai. Or un fait bien remarquable est que
cet empêchement a une force très différente dans les différentes
espèces animales. Chez les animaux inférieurs, il est invincible et ne
laisse jamais leur intelligence arriver à la lucidité; chez l'homme
seul, il s'est affaibli au point de permettre la naissance de la
réflexion, et, avec elle, tous les autres progrès. Nous voyons cependant que même dans notre espèce il existe, à cet égard, des diffé-
rences prodigieuses entre les différentes races, ou même entre les
individus de la même race.

On comprend donc comment la nature physique par sa seule
abstention favorise le développement de l'intelligence. L'intelligence
est, quant à sa nature intime et normale, la même chez tous les êtres
ou sujets connaissants et chez tous possède les dons les plus élevés
de lucidité et de compréhension, et ces dons sont, pour ainsi dire,
son héritage naturel. Mais soumise à des conditions physiques

que représentent les organes et les fonctions de l'encéphale, elle peut présenter tous les degrés de lucidité native, suivant le plus ou moins de résistance que les organes opposent à son exercice normal. Un trait saisissant de cette dépendance se voit, par exemple, dans le fait que certains anthropoïdes se montrent plus intelligents dans leur jeunesse que dans leur âge mûr, et l'on remarque même chez les hommes quelquefois quelque chose d'analogue.

L'organisation cérébrale est à la fois et la condition physique de la faculté intellectuelle et une barrière opposée à son développement. Mais dans sa fonction, l'intelligence rencontre encore d'autres obstacles qui rendent difficile la connaissance vraie des choses; ils résultent de la nature trompeuse d'un monde qui est bâti sur l'apparence. Aussi a-t-il fallu à l'humanité des siècles sans nombre pour parvenir à la pensée logique et à la science, et enco··· dans quelques races privilégiées seulement ou plutôt dans quelques fractions de ces races. Le fait même dont nous nous occupons présente un exemple frappant de cette organisation décevante des choses. Comme le cerveau est la condition physique de l'intelligence, comme tout dérangement dans le cerveau produit un dérangement dans les fonctions intellectuelles, et que le perfectionnement du cerveau accompagne au contraire le perfectionnement de la faculté de connaître, on est tout naturellement porté à croire que le cerveau est la cause positive de l'intelligence. De là, une doctrine, le matérialisme, directement opposée à la vérité. Le perfectionnement, en effet, du cerveau favorise l'exercice de l'intelligence, non pas d'une manière positive, mais au contraire d'une manière négative, c'est-à-dire en diminuant les obstacles qui s'opposent au développement normal de cette faculté. La supposition qu'un agent physique quelconque puisse produire ou conditionner d'une manière positive les fonctions logiques est un contresens, parce que l'élément physique et l'élément logique appartiennent à deux ordres de faits absolument différents. Peut-on croire un seul instant que des mouvements ou des déplacements quelconques dans un cerveau individuel puissent contenir les principes généraux de la connaissance des choses? Le principe de la pensée et de la connaissance est une loi logique, parfaitement distincte et indépendante de toutes les causes physiques, cette loi que j'ai déjà brièvement étudiée dans le premier volume de ces *Esquisses*, et sur laquelle je reviendrai plus loin. Aussi voyons-nous que l'élément logique, une fois entré en possession de soi-même ou

parvenu à la conscience de soi, est réfractaire à toutes les influences
physiques. Quand une vérité a été une fois reconnue comme telle,
aucune cause physique ne peut plus la détruire dans l'esprit de celui
qui la possède, sans détruire l'esprit lui-même. Et de même, quand
une erreur a été une fois dévoilée, aucune force physique ne peut lui
rendre dans l'esprit pensant ni validité ni crédit. C'est pourquoi le
jour où l'humanité aura atteint la connaissance vraie des choses, elle
sera, du moins l'élite de l'humanité, à tout jamais affranchie de la
domination de la nature; c'est là, comme nous l'avons vu, le but final
poursuivi par la nature elle-même.

Mais on sera peut-être surpris de voir la nature se contrecarrer
ainsi elle-même dans son action, opposer des obstacles à la réalisation de ses propres fins. Cette attitude est cependant parfaitement
conforme à son caractère de réalité anormale et animée de deux tendances contraires, la tendance à l'anéantissement et la tendance à la
conservation de soi. Une réalité anormale ne peut exister sans l'illusion, ou la déception, qui la fait paraître ce qu'en vérité elle n'est pas
et qui est la cause nécessaire d'erreurs aussi bien dans le domaine
intellectuel que dans le domaine moral. La nature est donc, en tant
que nature, le règne de l'erreur et de l'immoralité, et elle n'a pu
pourvoir à l'apparition de la vérité et de la moralité dans l'homme
que par des voies fort détournées et fort laborieuses. Dans l'évolution des espèces vivantes, elle ne s'est pas seulement laissé guider
par les circonstances extérieures, ainsi que l'a montré Darwin ;
comme pour répudier toute idée de bonté et de moralité, elle a créé
des espèces animales qui ne peuvent vivre qu'aux dépens des autres,
les carnassiers et les parasites, dont l'existence même est la source
d'une infinité de maux pour les autres espèces, et elle les a doués,
pour assurer leur action malfaisante, des forces nécessaires et d'instincts merveilleux. Mais, malgré tous ces écarts, elle n'en a pas
moins poursuivi un but supérieur, et elle l'a atteint par la création
de l'homme, c'est-à-dire d'un être qui est destiné à continuer sa
tâche dans une sphère élevée au-dessus du monde physique. Cet
être, qui recherche la perfection par sa propre impulsion, et qui
découvre la nature vraie des choses, est nécessairement le dernier
de la série et de l'évolution des êtres vivants, car il ne peut y avoir
rien de supérieur à lui dans le domaine de l'expérience.

V

LA NORME DE LA PENSÉE ET L'ENCHAINEMENT DES CHOSES

La distinction du vrai et du faux n'est possible qu'en vertu du principe de contradiction, qui est, par conséquent, le principe de toute pensée et de tout jugement logique. Or la distinction du vrai et du faux n'est rien autre que la conscience de leur opposition ou de leur incompatibilité absolue, et c'est ce qu'exprime la formule ordinaire du principe de contradiction : *une proposition ne peut pas être vraie et fausse à la fois.*

Supposer que le vrai et le faux ne sont pas opposés ou incompatibles d'une manière absolue, supposer qu'il peut y avoir communauté de nature et d'origine entre le vrai et le faux, c'est évidemment admettre qu'il n'y a, en réalité, rien de purement ou d'absolument vrai, que tout est équivoque et mêlé, vrai et faux à la fois, et c'est là, comme on le voit, la négation du principe de contradiction.

En quoi consiste le faux? En ce qu'une chose paraît être ce qu'elle n'est pas en réalité. Le faux implique donc l'opposition de l'être et du paraître, et le déguisement de l'un en l'autre : le paraître veut passer pour l'être et c'est en cela qu'il est faux. Par exemple, nos sensations de couleur nous apparaissent comme des qualités des corps situés hors de nous. L'homme naturel ne se doute pas le moins du monde que les couleurs qu'il voit sont des sensations en lui; il les voit comme quelque chose d'extérieur et ne songe pas à mettre en question le témoignage de la vue. Il est donc manifeste que le vrai, en ce qui concerne les couleurs, leur être véritable, à savoir qu'elles sont des sensations en nous, est déguisé par le paraître qui en fait des

qualités de corps dans l'espace, et c'est ce paraître qui est pris pour
l'être. Le faux se donne pour le vrai, et c'est en cela que consiste son
caractère anormal. En usurpant la place de l'être, le paraître nie
l'être, mais, en réalité, voulant passer pour ce qu'il n'est pas, le
paraître se renie lui-même. Aussi l'opposition du vrai et du faux
implique-t-elle la condamnation du faux, et reconnaître une erreur,
c'est l'annihiler.

Or, cette opposition du vrai et du faux, impliquant la condamnation du faux, présuppose un caractère spécial de la nature normale
et absolue des choses, à savoir que le vrai est seul conforme à cette
nature et possède seul un caractère absolu, que le faux, au contraire,
étant étranger à la nature normale et absolue des choses, ne peut
pas posséder de caractère absolu.

Pour mieux le comprendre, il faut jeter un coup d'œil sur les doctrines philosophiques qui impliquent la négation du principe de
contradiction ou de l'opposition du vrai et du faux telle que nous
venons de l'exposer. Ce sont les systèmes de l'idéalisme absolu, dont
il y a deux espèces : l'idéalisme de Fichte et celui de Hégel. Hégel
enseignait, comme on le sait, l'identité de l'être et de l'idée, c'est-
à-dire l'identité de l'être et du paraître et, par conséquent, celle du
vrai et du faux; aussi niait-il le principe de contradiction. Suivant sa
doctrine, il est dans la nature normale et absolue des choses de se
nier elles-mêmes, de se transformer en leur contraire et de paraître
ce qu'elles ne sont pas [1]. Cette doctrine étant logiquement contradictoire n'a pas de sens; mais il n'en va pas beaucoup mieux avec
l'idéalisme de Fichte, qui est, à proprement parler, celui de Kant.
C'est Kant, en effet, qui a le premier érigé en principe l'affirmation
que les objets connus ne sont pas distincts des représentations, mais
signifient seulement de simples manières de relier ensemble la diversité présente dans l'intuition (*das Mannigfaltige der Anschauung*). Or,
s'il n'existe pas autre chose que la représentation, il n'y a pas autre
chose que le paraître, et les représentations ne représentent rien :
c'est la doctrine du faux absolu.

Ce qui constitue l'essence ou la nature de l'idée ou de la représentation, c'est la croyance, qui lui est inhérente, à l'existence objec-

1. Hégel définit la nature *Die Idee in ihrem Anderssein*, une expression intra-
duisible en français, mais qui signifie exactement que la nature est l'idée ou
l'absolu en tant qu'il est ce qu'il n'est pas, ou comme étant autre qu'il n'est.
Suivant ce philosophe, c'est donc l'absolu lui-même qui se trompe et se déguise,
ou plutôt le vrai lui-même est le faux et le faux le vrai.

tive (c'est-à-dire située en dehors de l'idée elle-même) de ce qu'elle représente. Cette croyance à l'existence réelle des objets représentés est un fait ou un phénomène primordial de l'intelligence, qui n'est susceptible d'être expliqué par aucune autre donnée et qui rend seul possible toute connaissance. Dire que cette croyance n'a en principe aucune vérité, que les objets connus ou représentés ne sont pas distincts des représentations, c'est nier toute vérité et se jeter dans l'arbitraire. La possibilité de distinguer le vrai du faux dans l'expérience, repose sur la différence entre la perception immédiate d'un objet présent et la simple idée ou représentation d'un objet absent ou qui peut même n'avoir jamais existé. Vérifier des idées et des croyances ou des affirmations, c'est les comparer avec la perception immédiate des objets, qui possède seule la certitude absolue. Or cette différence fondamentale entre la perception et la simple représentation, et, par conséquent, la possibilité de distinguer le vrai du faux, sont niées en principe par la supposition de Kant que nos idées n'ont point d'objets distincts d'elles-mêmes. Il n'est pas difficile de voir d'où vient cette singulière méprise. Kant a reconnu, après Berkeley et David Hume, que notre expérience renferme une illusion ou une fausseté[1]; mais au lieu de comprendre que ce n'est là qu'une fausseté relative, que les objets de nos perceptions sont des objets réels — nos sensations, — qui nous paraissent seulement être ce qu'ils ne sont pas — à savoir des substances, — il y a vu une fausseté absolue, l'absence de tout objet réel de la connaissance. Par une conséquence naturelle, ce philosophe est tombé dans des contradictions sans fin. Et, d'abord, s'il a supposé des « choses en soi », tout à fait inconnues et différentes des objets que nous connaissons, c'est qu'il sentait combien était peu admissible son hypothèse fondamentale d'une réalité où il n'y aurait que des représentations qui ne représentent rien; mais d'après son propre principe, la supposition de « choses en soi » ou d'êtres absolus ne peut se défendre d'aucune façon. Aussi a-t-il longuement exposé lui-même, dans sa *Dialectique transcendentale*, que toute conception de l'absolu est illusoire et contradictoire, et que notre raison, portée par sa nature à chercher l'absolu, est par sa nature une déraison, sujette à des illusions innées, « les idées de la raison », et condamnée à des antinomies insolubles. Bien souvent déjà la raison avait été calomniée par les sceptiques ou les croyants;

1. Et, de plus, Kant a reconnu le premier que l'espace ou l'idée de l'espace est une intuition *a priori*, ce qui est sa plus grande découverte.

5

mais rien n'égale ce spectacle d'un penseur de la valeur de Kant, se
mettant à faire la *critique* de la raison et à démontrer laborieusement
que, par nature, elle déraisonne! Faut-il dire que c'est là l'effet d'un
malentendu très regrettable? Si notre raison déraisonnait par nature,
comment pourrions-nous jamais reconnaître ses égarements? La
vérité est que les illusions et les antinomies que nous constatons sont
le fait de la nature physique des choses, et que c'est la raison, au
contraire, qui nous met en mesure de pénétrer ces illusions, de
reconnaître ces antinomies, parce qu'elle dispose d'un principe
supérieur à la nature physique des choses. La méprise de Kant est
une suite évidente de la supposition fondamentale que nos représentations ne représentent rien, n'ont point d'objets distincts d'elles-
mêmes, et qu'il n'y a par conséquent point de nature des choses
en dehors des lois de la pensée. Ayant ainsi retiré, en quelque sorte,
le sol de dessous ses pieds, il s'est vu contraint de chercher le
salut dans le domaine pratique, de fonder toute certitude sur le
témoignage d'une réalité objective, absolue, qui nous est donnée
par notre conscience morale, et il a ainsi renié complètement sa
théorie spéculative qui n'admet que le phénoménal et le conditionné.

La forme la moins artificielle de la doctrine en question se trouve
chez Protagoras, qui affirmait que tout objet est ce qu'il paraît
être à chacun de nous, que l'homme individuel est la mesure des
choses et qu'il n'y a point de principes généraux de la connaissance.
Aussi ses partisans ont-ils combattu, quand il a été formulé par
Aristote, le principe de contradiction. En fait, l'homme individuel
n'est pas la mesure des choses; c'est la loi de notre pensée qui est
cette mesure ou cette norme, parce qu'elle est la notion de leur
nature normale et absolue, et c'est de cette notion que procèdent le principe de contradiction et la distinction du vrai et du
faux.

La contradiction logique est connue généralement comme le rapport de l'affirmation et de la négation de la même chose. Or, si l'on
examine le caractère de ce rapport, on constate que l'affirmation et
la négation de la même chose s'excluent mutuellement, en d'autres
termes, qu'il y a entre l'une et l'autre une opposition ou une incompatibilité *absolue*. Il s'ensuit clairement que ce que l'on appelle
ordinairement contradiction logique est seulement une espèce d'un
genre plus étendu, c'est-à-dire qu'il y a une définition plus générale

de la contradiction logique; il faut alors entendre par contradiction toute réunion de deux termes qui s'excluent mutuellement, ou qui sont incompatibles d'une manière absolue. Cependant, comme deux termes absolument incompatibles, ou qui s'excluent mutuellement, ne peuvent jamais se trouver réunis dans la réalité, on est aisément amené à croire que le principe de contradiction ne concerne pas la réalité elle-même, qu'il n'est qu'une règle pour la pensée, sans rapport avec les choses. Mais comment une règle de la pensée peut-elle être valide, si ce n'est par sa conformité avec les choses? Croire que la logique soit indépendante de l'ontologie, c'est-à-dire de la notion vraie des choses, c'est assurément la méprise la plus singulière que l'on puisse imaginer, quoiqu'elle soit à peu près universelle. Que nous enseigne, en effet, la logique, si ce n'est les règles que nous devons suivre pour atteindre la connaissance vraie des choses? Un principe logique sans rapport avec elles est donc un vrai contresens. En fait, le principe de contradiction a lui-même son fondement dans un concept ou une notion de la nature des choses : l'opposition ou l'incompatibilité absolue entre la négation et l'affirmation de la même chose vient de la notion d'incompatibilités absolues qui existent dans les choses mêmes. On le voit clairement quand on se demande : D'où vient la négation logique, le refus de croire? Sa seule et unique origine est dans la notion que ce que nous sommes sollicités à croire d'un objet est absolument incompatible avec ce que nous savons de cet objet; sans cette notion, nous n'aurions aucune raison de nier quoi que ce soit. La négation logique, le refus de croire a donc son origine dans la notion d'incompatibilités ou d'oppositions absolues existant dans la nature des choses. Mais d'où vient cette notion elle-même?

L'expérience, ne présentant et ne renfermant rien d'absolu, ne peut rien nous apprendre sur l'existence d'incompatibilités absolues; la négation logique et le principe de contradiction ne peuvent donc pas être dérivés de l'expérience. Bien plus, sans ce principe de contradiction, ou plutôt sans la loi logique qu'il exprime, l'expérience elle-même, et notamment la connaissance du passé et des changements, ne serait pas possible. Personne n'affirmera plus, comme Reid l'a fait encore, que la mémoire nous donne la perception immédiate du passé comme passé; le passé n'existe plus, et ce qui n'existe plus ne peut pas être perçu, mais seulement inféré. Or, sur quoi cette inférence se fonde-t-elle? D'abord sur la reproduction des

impressions que nous avons eues dans le passé, reproduction qui
fournit les données de la mémoire. Mais par leur reproduction ces
données nous sont présentes et non passées; comment pourrons-nous
donc reconnaître qu'elles représentent le passé? En comparant
l'image d'un objet que nous avons perçu dans le passé avec sa perception actuelle et en remarquant quelque différence entre les deux,
nous concluons que l'objet a changé, et que l'image reproduite,
plus faible, représente son état passé, bien que toutes les deux,
l'image reproduite et la perception actuelle de l'objet, nous soient
présentes en même temps. Cette conclusion repose évidemment sur
la notion qu'un objet ne peut pas réunir en même temps deux qualités différentes de la même espèce, par exemple, être rond et
cubique, ou tout blanc et tout jaune à la fois. Et pourquoi une telle
réunion de qualités est-elle impossible? Le rond n'est pas par sa
nature opposé au cubique, ni le blanc au jaune; mais le rond devient
absolument incompatible avec le cubique et le blanc avec le jaune,
si l'on suppose qu'ils sont par leur propre nature une seule et même
qualité, car ce serait contradictoire, comme contraire à la nature
normale et absolue des choses. Deux qualités, quoique différentes,
ne peuvent pas être opposées par nature l'une à l'autre, mais elles
ne peuvent pas non plus être le même objet par leur propre
nature ou d'une manière absolue. Le fondement de toutes les incompatibilités absolues est donc le principe que dans la nature absolue
des choses aucune réunion du divers n'est possible, ou, en d'autres
termes, qu'une réunion absolue du divers est impossible. C'est là la
norme de la pensée, dont découlent la négation logique et le principe
de contradiction, et qui rend seule possible la distinction du vrai et
du faux, et partant le jugement logique en général. Tâchons de faire
connaître cette norme par les explications les plus claires et les plus
précises.

LA NORME DE LA PENSÉE.

D'après la norme de notre pensée, tout objet réel possède une
nature qui lui est propre et est identique avec lui-même, peut être
identifié avec lui-même, ou en d'autres termes, le caractère foncier
de la nature vraiment propre ou normale des choses est l'identité
avec soi-même.

Le principe ainsi formulé présente cette particularité un peu décon-
certante que son évidence même en rend la compréhension difficile.

Que tout objet doive posséder une nature propre et être identique à lui-même, c'est tellement certain que l'on ne croit pas même à la possibilité d'une exception à cette loi ou à cette règle. Or l'exception n'embrasse pas moins que la totalité des objets physiques : aucun objet physique ne possède une nature qui lui soit vraiment propre, aucun ne peut être identifié avec lui-même. Mais comme ce fait est déguisé par l'apparence naturelle qui nous présente le monde physique comme un monde de substances, d'objets identiques avec eux-mêmes, on est presque irrésistiblement entraîné à méconnaitre le sens même de la loi fondamentale de sa propre pensée. C'est pourquoi il est de la plus haute importance de bien comprendre l'analyse qui va suivre, une analyse dont la brièveté ne nuira pas, je l'espère, à la clarté.

En analysant le concept d'un objet ayant une nature qui lui est propre et identique à lui-même, on trouve que cet objet possède les quatre caractères suivants : il est : 1° absolu, 2° simple, 3° invariable et 4° parfait.

Qu'un objet dont la nature lui est propre et identique avec lui-même soit *absolu*, indépendant de tout ce qui n'est pas lui, c'est une proposition identique, c'est-à-dire où la même chose est exprimée de deux manières différentes. Car être absolu ne signifie rien autre que posséder une nature propre, ou indépendante de toute autre chose. Si au contraire un objet, A, dépend d'un autre objet, B, et en subit l'influence, c'est-à-dire renferme en soi une détermination provenant de B, il renferme par cela même un élément qui lui est étranger et se trouve, par conséquent, en désaccord avec lui-même. Si toute la nature d'un objet est déterminée par des conditions extérieures, cet objet a une nature qui est toute d'emprunt, c'est-à-dire qu'il ne possède pas une nature qui lui soit vraiment propre, ni une identité réelle avec lui-même. Tous les objets de l'expérience sont précisément de cette espèce.

En second lieu, un objet absolu et identique avec lui-même est nécessairement *simple*, ne renferme en soi aucune diversité. Si un objet, en effet, possédait en propre deux qualités différentes, ou si deux qualités différentes, étant l'une au même titre que l'autre, constituaient sa propre nature, cet objet serait différent de lui-même, et non pas identique. Etant un, il ne pourrait être absolument identifié avec aucune de ces deux qualités différentes, et comme d'après l'hypothèse, ses deux qualités différentes forment sa propre nature,

il ne pourrait donc pas être identifié avec lui-même. Il est, par suite,
évident que l'unité d'un objet absolu ne peut être qu'absolue elle-
même, c'est-à-dire exclusive de toute diversité. Toute réunion du
divers dans un objet absolu ferait naître des incompatibilités absolues
et constituerait une contradiction logique. Un objet absolu ne peut
pas avoir de parties, parce que ses parties devraient elles-mêmes être
absolues, et dès lors elles seraient non des parties, mais des objets
indépendants. Une partie étant, par son concept même, quelque
chose de relatif, ne peut pour cette raison entrer dans la nature d'un
objet absolu, pas plus que cet objet ne peut lui-même faire partie
d'un autre.

C'est ici un point fondamental; il a déjà été traité dans ce qui précède, mais il faut tâcher de l'élucider encore mieux. Bien qu'il soit
d'une certitude et d'une évidence immédiate, et que nous ayons là
le principe même de toute certitude rationnelle et de toute pensée
logique, on trouve souvent beaucoup de difficulté à le comprendre,
parce qu'on substitue involontairement à la pensée d'un objet
absolu, ayant une nature qui lui est propre, la pensée d'un objet
de l'expérience, toujours composé et soumis à des conditions. Or il
faut bien comprendre qu'il s'agit ici, non d'objets connus par l'expérience, mais d'une pure conception de l'esprit. Voici ce dont il s'agit.

Si nous disons : la nature propre d'un objet unique consiste en
deux qualités différentes, A et B, nous pouvons dire aussi que deux
qualités différentes, A et B, sont par leur propre nature un seul et
même objet, ou que la qualité A est par sa propre nature en même
temps une qualité différente, B, et que la qualité B est aussi par sa
propre nature une qualité différente, A, c'est-à-dire non-B; car ces trois
propositions expriment exactement la même pensée ou la même
supposition.

Cette supposition renferme-t-elle, oui ou non, une contradiction
logique? Si l'on dit non, on nie la possibilité de toute contradiction
logique, on nie, par conséquent, le droit même de nier, ce qui est
cependant le comble de la contradiction logique. Pourquoi niez-vous
ce qu'un autre affirme? Vous répondez qu'il affirme ce qui n'est pas
vrai. Admettons votre droit de décider ce qui est vrai pour vous-
même; mais quel droit ou quelle raison avez-vous de décider ce qui
est vrai pour un autre, contrairement à son propre avis? Il n'y a,
évidemment, qu'une raison pour cela : c'est qu'il ne peut y avoir deux
vérités différentes touchant le même objet, c'est-à-dire, en d'autres

termes, qu'un objet ne peut pas posséder en propre deux manières d'être différentes, et c'est là la certitude exprimée par le principe de contradiction.

Voici donc la formule originelle de ce principe : *Un objet ne peut pas différer de lui-même dans sa propre nature*; en d'autres termes : *ce qui est un ne peut pas être par sa propre nature divers, ni le divers ne peut être un par sa propre nature*, ou encore, en d'autres termes : *une réunion absolue du divers n'est pas possible.*

De là suit que même un objet de l'expérience, soumis à des conditions, ne peut pas réunir en soi deux qualités différentes de la même espèce en même temps, parce que ce serait une réunion absolue du divers, et c'est là la raison du conflit des affirmations se rapportant au même objet, conflit d'où naît la négation logique et la formule ordinaire du principe de contradiction : *l'affirmation et la négation de la même chose ne peuvent pas être vraies en même temps.*

Par ce côté, la norme de la pensée est surtout le principe de la logique formelle.

Mais un objet absolu et identique à lui-même est nécessairement aussi *invariable*. C'est d'une évidence immédiate : ce qui est identique à soi-même ne peut devenir différent de soi-même : tout changement révèle une contradiction ou un désaccord intime avec soi-même, comme je l'ai montré dans des articles précédents.

En effet, ce qui change, ce qui devient différent de ce qu'il était, ne possède pas de nature qui lui soit vraiment propre. Car il ne peut être identifié ni avec sa manière d'être présente, ni avec sa manière d'être passée : il n'est pas ce qu'il a été auparavant, parce qu'il est devenu autre ou différent, mais il n'est pas non plus exclusivement ce qu'il est à présent, parce qu'il a été autre auparavant. Aussi le changement est-il le symptôme manifeste d'une réalité ou d'une existence anormale : ce qui change, ce qui ne reste pas identique à soi-même, ou fidèle à soi-même, se condamne par là, révèle sa propre inconsistance intrinsèque.

Or, de cette certitude que tout changement est étranger à la nature normale et absolue des choses, découlent le principe de l'invariabilité des substances d'après lequel la substance ou l'absolu est en soi soustrait au changement, et le principe de causalité d'après lequel un changement ne peut jamais être absolu, c'est-à-dire sans cause. Et de cette certitude résulte encore une troisième conclusion fort importante, à savoir que l'absolu ne peut pas être une cause de changement, et, inversement, qu'une cause ne peut jamais être absolue.

Par ce côté, la norme de la pensée est le principe de la logique de l'induction.

Enfin, il est évident qu'un objet identique à lui-même est nécessairement aussi *parfait*, parce qu'un objet *imparfait* est celui auquel il manque quelque chose et qui est, par conséquent, en désaccord avec lui-même. L'identité avec soi-même étant le contraire de toute défectuosité, de toute dissonance et de toute anomalie, est l'essence même de la perfection.

Par ce côté, la norme de la pensée est le principe théorique de la morale et de la religion. La conscience que la perfection est le propre de la nature normale et absolue des choses, et qu'un état d'imperfection est une anomalie, transforme entièrement la manière d'envisager les choses divines et humaines.

Les quatre caractères d'un objet conforme à la norme de notre pensée ne sont donc, comme on le voit, que des spécifications d'un seul caractère : l'identité avec soi-même. Ainsi, à l'absolu est opposé le conditionné, au simple le composé, à l'invariable le variable, et au parfait l'imparfait, et les seconds de ces quatre couples de caractères sont aussi inséparables les uns des autres que les premiers : tout objet conditionné, ou soumis à des conditions, est en même temps composé, variable et imparfait; tout objet variable est soumis à des conditions, composé et imparfait; tout objet imparfait est soumis à des conditions, composé et variable.

On verra mieux par la suite comment ces quatre caractères sont liés ensemble.

TABLEAU DE L'ENCHAÎNEMENT DES CHOSES.

Nous avons constaté ce que la norme de notre pensée nous apprend sur la nature normale et absolue des choses; voyons maintenant ce que l'expérience nous fait connaître de leur nature physique.

Une investigation approfondie des choses de ce monde montre que l'expérience ne contient point d'objets qui aient une nature vraiment propre et qui soient identiques à eux-mêmes : tout y est en désaccord et en contradiction intime avec soi-même, et renferme la tendance à son propre anéantissement.

L'existence d'une telle réalité, anormale et se niant elle-même, est un fait absolument incompréhensible et inexplicable, puisqu'il est contraire à la norme de notre pensée; mais ce fait une fois reconnu, on peut se rendre compte de tous les traits que présente notre monde, traits qui répondent aux conditions essentielles en dehors desquelles la réalité anormale ne pourrait absolument pas exister, parce qu'elle impliquerait des contradictions logiques.

La nature physique des choses n'étant pas conforme à la norme de notre pensée, on ne peut déduire de cette norme aucune conclusion positive touchant la possibilité des choses de ce monde, en d'autres termes, aucune explication positive du monde; mais on peut en déduire une explication négative. L'anomalie, en effet, a des bornes immuables et infranchissables : elle ne peut pas aller jusqu'à la contradiction logique. Et ces bornes se réduisent, en somme, à une seule : rien d'anormal ne peut posséder un caractère absolu; car tout désaccord avec soi-même et toute réunion du divers ne deviennent logiquement contradictoires que si on leur attribue un tel caractère. Aussi avons-nous constaté plus haut que tout objet non identique à lui-même est marqué de quatre traits inséparables les uns des autres : il est composé, variable, imparfait et soumis à des conditions. Or la variabilité d'un objet qui est en désaccord avec lui-même révèle, dans cet objet, une tendance à se nier lui-même et à s'anéantir, et cette tendance entraine, à son tour, d'autres déterminations que j'ai exposées dans la seconde partie de l'article intitulé : *De la nature des choses.* Si l'on a médité ce que j'ai développé dans ce passage, on comprendra sans peine l'enchaînement des choses de ce monde tel que le présente le tableau suivant :

1º Tout, en ce monde, est sujet à changer et à périr et tout dépend de conditions.

2º Rien n'y persiste qu'en se reproduisant sans cesse en vertu d'une tendance expresse à s'affirmer et à se conserver soi-même.

3º La tendance primordiale de l'anormal allant à l'anéantissement de lui-même, il ne peut s'affirmer et persister qu'à la condition de se déguiser, d'apparaître dans l'idée et la conscience comme quelque chose de normal, comme une substance. Toute l'expérience est organisée conformément à cette apparence.

4º Ce monde ne peut donc pas consister en objets seulement, mais il doit nécessairement aussi renfermer des sujets connaissants dont la conscience, l'idée ou la pensée est le siège de l'apparence. Et tout d'abord ces sujets connaissants doivent s'apparaître à eux-

mêmes comme des substances, c'est-à-dire comme des êtres identiques à eux-mêmes, comme des unités indépendantes, indivisibles, et
identiquement les mêmes dans la succession du temps.

5° Mais les sujets connaissants, comme tout ce qui est anormal, ont
un commencement et une fin dans le temps; il n'y aurait donc, dans
le monde de l'expérience, rien de général et d'invariable, même en
apparence, si les sensations de tous les sujets n'étaient organisées
de manière à ce qu'ils puissent tous y reconnaître un monde,
commun à tous, de substances extérieures impérissables, un monde
de corps.

6° Ces substances extérieures doivent apparaître aux sujets connaissants comme existant dans l'*espace*, doivent être représentées
dans l'espace; car la première particularité de l'espace est de faire
que les objets qui s'y trouvent sont indépendants les uns des autres,
sont, d'une manière générale, absolus, en un mot, des substances.
C'est ce que j'appelle la nature *ontologique* de l'espace. Une seconde
particularité de l'espace, dérivant de la première, est que l'espace
contient toutes les directions; c'est la nature *géométrique* de l'espace.

Voici la liaison logique de ces deux particularités. Entre substances, entre objets absolus, indépendants les uns des autres ou
n'ayant point de liaison intime les uns avec les autres, il ne peut y
avoir que des relations ou des rapports extérieurs, et ces rapports
ne peuvent être prédéterminés à l'avance en aucun sens ou dans
aucune direction. Une multitude de substances doit donc être représentée dans un milieu qui admette la totalité des rapports extérieurs
possibles et qui, par conséquent, contienne la totalité des directions
possibles. C'est précisément ce que nous trouvons dans la nature de
l'espace [1].

7° Les corps n'étant que nos propres sensations en tant qu'elles
nous apparaissent comme des substances dans l'espace, ne sont rien
en soi, c'est-à-dire ne possèdent point de nature qui leur soit propre,
abstraction faite des sensations. La nature des corps est conditionnée
par leur existence dans l'espace : un corps est un objet remplissant

---

1. Ces deux propriétés de l'espace montrent déjà suffisamment que l'idée de
l'espace est une intuition *a priori*, comme Kant l'a enseigné. Non que l'idée de
l'espace naisse toute formée avec nous, mais elle se développe en vertu d'une
disposition innée de notre esprit ; elle n'est pas un simple résultat de l'expérience,
par cette raison que les objets réels de l'expérience, nos sensations, ne sont
point des substances et ne comportent aucun espace. L'espace ne peut pas être
senti; il est la manière d'être, non de sensations en nous, mais de sensations
en dehors de nous ; il n'est donc pas un objet de l'expérience.

un espace. De là se déduisent logiquement toutes les qualités premières des corps ou de la matière, l'étendue, la figure, l'impénétrabilité, la divisibilité, la mobilité et l'inertie.

8° Tout sujet connaissant doit paraître lié ou uni à un corps particulier, et il est nécessaire d'en indiquer la raison. La nature des corps étant déterminée par leur existence dans l'espace, les lois du monde matériel ont trait à des déterminations conditionnées par l'espace, telles que la figure, la masse, la position dans l'espace, le mouvement avec sa direction et sa vitesse, etc. ; au contraire, le sujet connaissant est, par sa nature, en dehors de l'espace ; il n'a ni figure, ni masse, ni mouvement, etc. ; les lois du monde matériel ne lui sont donc pas applicables. Les corps ne peuvent pas agir sur lui par leurs masses, leurs vitesses, etc., et le sujet connaissant, de son côté, ne peut produire, en vertu de sa propre nature, aucun mouvement des masses matérielles. Pour trouver place dans l'ordre des choses matérielles, il doit donc être uni, par des liens spéciaux ou des lois spéciales, à un corps particulier qui lui serve d'intermédiaire dans ses rapports avec les autres corps. Par suite de cette liaison spéciale, des idées, des émotions et des volitions en nous produisent des mouvements dans notre corps, et, inversement, des mouvements dans notre corps produisent des sensations et d'autres déterminations intérieures, ce qui ne peut pas être expliqué physiquement et a toujours paru un problème insoluble.

9° De cette liaison résulte cette conséquence contradictoire que nous connaissons les corps de deux manières différentes : nous les percevons immédiatement, tels qu'ils sont en eux-mêmes dans l'espace (notamment par la vue et le toucher), et nous les inférons de leur action sur nous, particulièrement sur les organes de nos sens, de telle sorte que l'on doit considérer les corps comme visibles, par exemple, et invisibles à la fois, ainsi que je l'ai montré dans l'article : *De la nature des choses.*

10° Si le sujet connaissant n'avait pour objets que ses sensations dites extérieures, dans lesquelles il reconnaît un monde de corps, il ne posséderait pas même l'apparence d'une nature qui lui fût propre, qui constituât son individualité. Pour être quelque chose, il doit donc avoir un objet qu'il reconnaisse comme un et identique à lui-même — comme une substance, — et qui forme un *moi.* Cet objet propre du sujet connaissant est le principe qui, en nous, sent le plaisir et la douleur et qui veut.

11° Mais la sensation du plaisir et de la douleur ne possède point de contenu propre; elle avertit seulement que l'état du moi est ou normal, pouvant se suffire à lui-même, au moins en apparence — le plaisir et le contentement, — ou anormal, impliquant une contradiction intime avec soi-même et la tendance à son propre anéantissement — la douleur et le mécontentement. Et il en est de même de la volonté qui a la douleur et le mécontentement pour source et mobile, et le plaisir ou le contentement pour but. Le contenu de notre moi doit donc nous venir du dehors, à savoir de notre corps. Les besoins de notre corps nous apparaissent, par suite d'une illusion innée, comme nos propres besoins. Je l'ai fait voir ailleurs.

12° La nécessité de l'illusion ou de l'apparence, tant dans notre perception des choses que dans notre nature sensible et notre volonté, implique que notre pensée ou notre intelligence, et aussi notre volonté, doivent être soumises à des lois physiques qui en pervertissent les fonctions et en égarent la tendance normale vers le vrai et le bien.

13° Malgré cette perversion naturelle de sa pensée et de sa volonté, l'homme, seul entre les êtres vivants, peut s'élever à la conscience de la nature normale des choses, grâce à la conscience de la norme qui la révèle en nous, et c'est par là qu'il est, non un simple animal, mais un être moral et raisonnable, capable de distinguer le vrai du faux et le bien du mal, et de réaliser le vrai et le bien, en opposition avec les lois et les penchants de sa nature physique.

D'autres conclusions encore peuvent être déduites de ces deux prémisses fondamentales : la norme de la pensée, ou plutôt la nature normale et absolue des choses qu'elle révèle, d'une part, et, de l'autre, la nature physique des choses telle que l'expérience nous la fait connaître. Mais ce qui a été dit suffit pour donner une vue générale de la réalité. Et, ce qu'il faut bien remarquer, le tableau que je viens de présenter contient non seulement la déduction ou explication négative des choses, sur le fondement du principe de contradiction, mais aussi, et avant tout, la constatation des faits, tels qu'ils sont réellement, et non en apparence. Or cette constatation constitue, avec la conscience de la norme de la pensée, ou de la nature normale des choses, tout ce qu'il y a d'essentiel en philosophie.

VI

ESSAI SUR LES FONDEMENTS DE LA RELIGION ET DE LA MORALE

I. — LA PREUVE ONTOLOGIQUE.

Peu de personnes lisent la *Critique de la raison pure* de Kant, et encore moins la comprennent. Cet ouvrage, en effet, ne brille pas par la clarté, et c'est le signe, dans l'auteur, d'un état de pensée peu satisfaisant. Il contient cependant aussi quelques parties moins embrouillées que le reste; la plus intéressante est assurément la critique que Kant a donnée des preuves de l'existence de Dieu avancées par les écoles antérieures. Kant a emprunté cette critique à Hume, particulièrement à ses *Dialogues sur la religion naturelle*; mais il lui a donné une forme plus rigoureuse, plus conforme du moins au goût de l'école et lui a par cela même assuré un effet plus marqué. Il a distingué et critiqué trois preuves de l'existence de Dieu qu'il a appelées respectivement la preuve ontologique, la preuve cosmologique et la preuve physico-théologique; mais, comme il l'a montré, la preuve ontologique est le fondement des deux autres. Nous ferons de cette preuve l'objet d'un premier examen.

La preuve ontologique est la conclusion de l'idée en nous d'un être absolu et parfait, à l'existence de cet être absolu et parfait lui-même.

Ce qu'il faut remarquer tout d'abord, c'est qu'il y a deux formes très différentes de la preuve ontologique, qui ont été avancées toutes les deux par Descartes, la première dans son *Discours de la méthode* et dans sa troisième *Méditation*, et l'autre dans sa cinquième *Méditation*. Sous sa première forme, la preuve ontologique est la conclu-

sion de l'existence de l'idée d'un être absolu et parfait à l'existence
de cet être lui-même, comme étant la seule source dont cette idée a
pu provenir, puisque cette idée n'a pu être puisée dans l'expérience
que nous avons de nous-mêmes et des autres objets de ce monde.
On ne peut pas supposer que Descartes ait cru cette preuve insuffisante, et cependant il a trouvé bon d'y ajouter une autre preuve
toute scolastique, et dont on a retrouvé le premier germe chez
Anselme de Cantorbéry. Il ne pouvait assurément prendre un parti
plus malheureux que d'adjoindre à sa propre démonstration cette
nouvelle, ou plutôt cette ancienne forme de la preuve ontologique ;
car le discrédit jeté sur cette forme a rejailli sur la preuve ontologique en général, et en a paralysé l'effet. Kant notamment fait de
cette forme scolastique seule, l'objet de sa critique et il ne lui a pas
été difficile de la réfuter.

La forme scolastique de la preuve ontologique est non la conclusion de l'existence de l'idée d'un être absolu et parfait à l'existence
de cet être, comme source ou prototype de l'idée, mais l'affirmation
que l'idée de l'être suprême et parfait implique elle-même, indépendamment de toute autre considération, la certitude de son existence
objective ; en d'autres termes, que l'être absolu et parfait est un être
absolument *nécessaire*, dont l'essence implique l'existence et qu'on
ne peut par conséquent nier, sans commettre une contradiction
logique.

Descartes a déduit cette conclusion de l'idée d'un être parfait.
L'être parfait devant renfermer toutes les perfections, et l'existence
étant une perfection, l'être parfait ne peut pas ne pas exister, parce
qu'autrement il lui manquerait une perfection essentielle. Kant,
dans la Critique, ne parle pas d'un être parfait, mais bien d'un être
réunissant toutes les réalités (*das allerrealste Wesen*), dont l'idée est
suivant lui un « idéal de la raison pure », mais un idéal qui ne contient aucune preuve de sa vérité objective.

En fait, il est bien clair — et cependant Hume a été le premier à
le comprendre et à le dire — que l'existence n'est pas du tout une
qualité et ne peut par conséquent jamais être inséparablement unie
aux qualités, quelles qu'elles soient, dont nous pouvons avoir une
idée abstraite. Nier l'existence d'un objet pensé ne peut donc jamais
impliquer une contradiction logique ; car, ainsi que Kant l'a fort bien
dit, l'objet une fois nié ou retranché (*aufgehoben*), il ne reste plus
rien qui puisse être contredit.

Si l'on y réfléchit un peu plus, on constate que la supposition d'un être absolument nécessaire ou nécessaire en soi, d'un être dont l'essence implique l'existence, est elle-même une contradiction dans les termes. La nécessité ne peut jamais être absolue, parce qu'elle ne signifie rien autre que la dépendance essentielle par rapport à des conditions données : une chose n'est nécessaire que si une autre chose est donnée ou posée, de laquelle elle dépend essentiellement. Toute nécessité n'est que l'expression d'une liaison indissoluble, et la supposition d'un être nécessaire en soi, indépendamment de tous les autres objets, est par conséquent un contresens.

Kant a donc eu beau jeu en critiquant et en réfutant cette argumentation scolastique; mais en le faisant, il n'a combattu qu'une ombre de la preuve ontologique, et il n'en a pas entamé le fond et la substance. Le fait fondamental est donc que nous avons l'idée d'un être absolu ou parfait, ou, pour parler plus justement, l'idée d'une existence ou d'une nature absolue ou parfaite, et que cette idée n'a pu être puisée dans l'expérience. Mais ce fait n'acquiert sa signification véritable que quand nous constatons que l'idée d'une nature absolue et parfaite des choses est la loi fondamentale de la pensée, loi sans laquelle on ne pourrait former aucun jugement moral. Il importe donc d'examiner cette question à fond.

Le fait initial a été fort bien relevé par Descartes : c'est le fait que nous nous trouvons dans un état d'imperfection, c'est-à-dire que nous n'aurions pas choisi, que nous ne nous serions pas donné nous-mêmes, un état dont nous voudrions plutôt nous débarrasser, mais que nous ne pouvons pas quitter ou supprimer, étant nous-mêmes soumis à des conditions extérieures.

Le point de départ est donc l'idée de l'imperfection, et c'est ici que commence la confusion inextricable dans laquelle on s'est toujours débattu. La tendance a toujours été de considérer l'imperfection comme une simple négation ou privation. Cette tendance a même amené Spinoza à affirmer que toute détermination est une négation, quoiqu'il n'y ait, au contraire, rien de positif en dehors de la détermination, et qu'on ne puisse poser ou affirmer aucune chose sans la déterminer ou sans lui attribuer une nature déterminée. Mais Spinoza n'a pas été seul à tomber dans ce malentendu; presque tous les philosophes, en confondant l'imperfection avec la détermination, d'une part, et avec la négation, de l'autre, ont été conduits à voir la perfection et la plénitude de la réalité dans l'indétermination et à appeler l'être absolu et parfait, l'infini. Spinoza a seulement développé cette manière de voir avec plus de logique que les autres. Le procédé rigoureusement logique est d'affirmer que l'être absolu et parfait est infini tant en qualités qu'en quantité, c'est-à-dire qu'il possède un nombre infini de qualités ou d'attributs, et que ses qualités sont infinies en puissance. Mais la supposition la plus répandue et la plus habituelle est que l'être suprême possède une nature semblable à celle de l'homme, seulement infinie en puissance.

Or, parler d'un objet infini n'a pas plus de sens que parler d'un son vert ou d'une couleur salée. Car l'infini n'est pas du tout une propriété qui convienne à des objets, mais seulement une propriété de mouvements, de processus ou de successions, à savoir leur propriété de pouvoir être continués sans fin. Ainsi la multiplication des grandeurs, la progression dans l'espace, la régression dans le temps des causes d'un événement donné, la division de 1 par 2 représentée ou exprimée dans une fraction décimale, — tous ces processus sont infinis, c'est-à-dire peuvent être continués sans fin; mais cela ne peut avoir évidemment aucune application à un objet ou à un agrégat d'objets. Bref, il est évident que l'idée de l'infini est une conception de l'esprit qui n'a point d'équivalent dans la réalité, parce que le propre de l'infini est précisément de ne pas pouvoir être réalisé.

On voit donc comment l'idée de l'être suprême est faussée par la manière de voir qui confond l'imperfection, d'une part, avec la détermination en général, et, de l'autre, avec la négation ou la privation; mais la vue des choses de ce monde elles-mêmes n'en est pas moins faussée. La conclusion logique résultant de cette manière de voir est, en effet, de nous considérer nous-mêmes, nous qui sommes imparfaits, comme un amas de négations; mais cette conclusion étant trop évidemment absurde, la supposition habituelle est, au contraire, que notre nature est l'image de l'être suprême et parfait, et ne s'en distingue, au fond, que par sa limitation. D'après cette conception, tout notre malheur consiste seulement, en définitive, en ce que nous sommes des êtres finis. Il faut tâcher d'aller jusqu'au fond de cette théorie et de constater le malentendu fondamental dont elle provient.

Pourquoi notre état d'imperfection paraît-il à plusieurs ne signifier que la présence en nous de négations, de privations ou de limitations? C'est que, en reconnaissant l'imperfection de notre état, nous sentons la tendance ou le désir de la *dépasser*; or, l'image naturelle de ce qu'on veut dépasser est celle d'une digue ou d'une limite qui comprime l'essor d'une force expansive. Le cours d'un fleuve arrêté par une digue et tendant à la rompre ou à la submerger en est l'exemple le plus approprié. S'il n'y avait pas de digue, le fleuve se répandrait plus loin dans l'espace, en suivant son penchant naturel; la digue, en lui opposant un obstacle, contrarie son penchant. En conformité exacte avec cette image, on est enclin à voir la perfection et la plénitude de la réalité dans l'indétermination, dans la possibilité de se répandre, pour ainsi dire, dans toutes les directions sans rencontrer ni bornes, ni limites, ni obstacles. La perfection ou la plénitude de la réalité devient ainsi une affaire de quantité.

Or, c'est là une vue foncièrement erronée. L'imperfection de notre état ne consiste nullement dans une simple négation, une privation ou une limitation, mais contient une *anomalie*, c'est-à-dire une divergence positive de ce que nous concevons comme la norme ou la nature normale des choses. Cette vérité devient évidente quand on considère les deux formes ou les deux espèces les plus saillantes de l'anomalie, le mal et l'erreur. Ni le mal, ni l'erreur ne sont de simples négations ou privations; la privation de la connaissance vraie n'est pas l'erreur, mais l'ignorance; et, pareillement, la privation du bien n'est pas le mal, mais seulement un état d'indifférence. Le mal et l'erreur sont au contraire des anomalies positives, et des anomalies d'un poids vraiment écrasant.

Il faut maintenant répondre à ces deux questions : en quoi se manifeste ou se révèle l'anomalie inhérente au mal et à l'erreur? Et comment parvenons-nous à la reconnaître comme une anomalie ou une imperfection?

L'anomalie inhérente au mal ou à l'erreur se révèle parce qu'il est dans leur nature de *se renier eux-mêmes*. Il est dans la nature du mal de se renier lui-même, car le mal implique la tendance à son propre anéantissement : on ne peut souffrir d'un mal sans désirer s'en débarrasser. Il est dans la nature de l'erreur de se renier elle-même, car l'erreur ne peut exister qu'en paraissant être ce qu'elle n'est pas. Quand un homme apparaît sous un déguisement et se fait passer pour un autre, on dit qu'il se renie lui-même, et il en est de même du faux en général. Or la nécessité de se renier soi-même révèle évidemment une contradiction ou un désaccord intime avec soi-même, et c'est là, par conséquent, le caractère foncier de l'anomalie ou de l'imperfection.

6

Mais de ce que l'anomalie est dans notre nature, il ne suit pas encore que nous devions et que nous puissions la reconnaître comme telle. On peut se trouver dans un état anormal et ne pas s'en douter; les animaux en sont une preuve : ils sont, en effet, soumis à l'erreur, mais ils ne parviennent jamais à la conscience que l'erreur est une anomalie; ils ne connaissent pas la distinction du vrai et du faux. De même, ils sont sujets à beaucoup de maux, mais ils ne parviennent jamais à la connaissance que le mal est quelque chose d'anormal; ils ne connaissent pas la distinction du bien et du mal. Comment se fait-il que l'homme parvient à cette connaissance?

Il ne peut y avoir évidemment qu'une raison de ce fait; c'est que l'homme a une conscience, quoique fort obscure le plus souvent et fort imparfaite, de la norme ou de la nature normale des choses, dont le concept constitue la loi fondamentale de la pensée. D'après ce concept, le caractère foncier de la nature vraiment propre ou normale des choses est l'identité avec soi-même. Il s'ensuit que tout ce qui manifeste un désaccord intime avec soi-même doit être senti ou reconnu comme quelque chose d'anormal. C'est pourquoi, non seulement le mal et l'erreur, mais aussi tout changement, en général, est la manifestation d'un état anormal, attendu que le changement, comme je l'ai déjà montré, est la tendance à l'anéantissement de l'état présent, et révèle, par conséquent, une contradiction ou un désaccord intime avec soi-même.

Il est temps maintenant de revenir à notre preuve ontologique, c'est-à-dire à la considération de la certitude propre à l'idée d'une nature absolue et parfaite des choses. Cependant l'emploi de cette expression « preuve ontologique » pourrait donner lieu à un malentendu. Descartes et les autres métaphysiciens qui ont soutenu la preuve ontologique, ont cru posséder l'idée d'un être absolu et parfait *unique*, l'idée d'un Dieu, et ils croyaient qu'on peut conclure . immédiatement de cette idée à l'existence d'un Dieu unique. Mais c'est évidemment là une supposition erronée. Pour avoir la certitude immédiate d'un Dieu unique, nous devrions avoir l'intuition immédiate de Dieu, ce dont nous sommes bien éloignés. Autrement on ne pourrait conclure de l'idée de Dieu que comme de l'effet à sa cause, et cette manière de procéder ne serait plus la preuve ontologique, mais ce que Kant a appelé la preuve cosmologique de l'existence de Dieu.

Or, pour ce procédé, l'existence d'une idée de Dieu en nous n'est pas nécessaire, puisqu'on se fait fort, en l'employant, de prouver que non seulement la présence d'une idée de Dieu en nous, mais l'existence de toutes les choses de ce monde, en général, nous autorise à affirmer Dieu comme leur cause. Cette preuve cosmologique est la conclusion de la « contingence » des choses de ce monde à la nécessité d'admettre une cause absolue dont elles dérivent. Kant a déjà donné une assez bonne critique de cette prétendue preuve cosmologique, et je peux me borner à quelques remarques.

On appelle contingente une chose qui aurait pu ne pas exister. Mais comment pouvons-nous savoir qu'une chose qui existe aurait pu ne pas exister? Uniquement par le fait qu'il y a eu un temps où elle n'existait pas, c'est-à-dire par le fait qu'elle a eu un commencement dans le temps. La preuve cosmologique repose donc tout entière sur le principe d' causalité, d'après lequel tout changement et tout phénomène qui a un commencement dans le temps doit avoir une cause. Or, les métaphysiciens n'auraient pu trouver un fondement moins approprié à leur but; car loin d'autoriser l'affirmation d'une cause absolue, le principe de causalité l'exclut nécessairement. Puisque tout changement doit avoir une cause, aucun changement n'a pu être le premier, et la supposition d'une cause première ou absolue de changements est logiquement contradictoire. J'ai déjà traité cette question dans un article précédent et je m'en occuperai encore un peu plus loin. Les considérations que je viens de présenter suffisent pour écarter les malentendus qui auraient pu obscurcir la preuve ontologique que nous allons à présent développer.

Le fait est que nous possédons, non l'idée d'un être absolu et parfait unique, d'un Dieu, mais le concept général d'une nature absolue et parfaite des choses, et que ce concept n'a pu être déduit de l'expérience, puisque l'expérience ne présente rien qui lui soit conforme. D'après notre concept, tout objet réel possède une nature qui lui est propre, et est identique avec lui-même, c'est-à-dire, comme je l'ai montré dans une analyse précédente, est absolu, simple, invariable et parfait. L'expérience, au contraire, ne nous présente que des objets composés, variables, imparfaits et soumis à des conditions. C'est ce désaccord entre l'expérience et notre concept de la nature normale des choses qui nous oblige à produire une preuve de la vérité et de la validité objective de ce concept. Si l'expérience était conforme à notre concept, il n'aurait pas besoin de preuve, parce

que sa certitude ne serait pas mise en question. Nous sommes en
présence de ce fait singulier, que nous possédons un concept de la
nature des choses, qui est d'une certitude et d'une évidence immédiates, qui est même le premier principe de toute certitude rationnelle, mais qui, au moins à première vue, ne semble pas être confirmé par l'expérience. En examinant la question de plus près, on
constate cependant que les objets de l'expérience, quoique n'étant
pas conformes à la norme de la pensée, témoignent néanmoins eux-
mêmes de sa vérité ou de sa validité objectives. En cela consiste la
vraie preuve ontologique, qui est triple, comme nous le verrons.

Mais avant de développer cette preuve, il faut encore écarter une
question que la plupart des hommes sont tentés de considérer
comme essentielle pour l'argument, mais qui en réalité ne le concerne point. C'est la question de l'origine de notre concept d'une
nature absolue des choses, concept qui n'a pu être puisé, nous le
savons, dans l'expérience, puisque l'expérience ne lui est pas conforme.

La question qui se présente spontanément à l'esprit de beaucoup
de gens est celle-ci : D'où nous vient le concept ou l'idée de l'absolu? Voyez, par exemple, Descartes : l'idée de l'absolu ou de Dieu
ne lui semble valide que parce qu'il croit y voir comme la marque
de fabrique de l'ouvrier qui nous a créés, en d'autres termes parce
que, suivant son opinion, l'existence de cette idée ne peut s'expliquer
que par une causalité divine. De cette manière, la preuve ontologique dégénère, avec Descartes, en une espèce de preuve cosmologique, bien qu'elle conserve une valeur logique supérieure à celle
de la preuve cosmologique ordinaire. Mais, en réalité, rien n'est
moins philosophique que la recherche des premières origines, parce
que l'idée même d'une première origine ou d'un premier commencement est, comme nous l'avons déjà vu, inadmissible. Aussi la question concernant l'origine d'une idée n'a-t-elle rien à faire avec la
question concernant sa validité et sa certitude, sauf au point de vue
de savoir si l'idée dont il s'agit est un résultat de l'expérience ou est
innée à la pensée elle-même. Demander d'où vient le concept de
l'absolu, qui est la loi de la pensée logique, n'a pas plus de sens que
demander d'où vient la pensée logique elle-même, qui ne peut
s'exercer qu'en vertu de ce concept. La présence d'un concept de
l'absolu en nous n'offre, du reste, pas plus de difficulté que la présence de toute autre connaissance. La connaissance, en général,

n'est possible que parce que nos idées ou représentations renferment un rapport intime avec des objets différents d'elles-mêmes, et la croyance à la réalité ou à l'existence objective de ce qui est représenté en elles; c'est pourquoi la loi fondamentale de la pensée est un concept de la nature des choses. On voit donc que la question touchant l'origine de notre concept de l'absolu doit être écartée quand on recherche quelle est la validité absolue de ce concept. Se demander quelle est cette origine, c'est vouloir faire de la métaphysique avant d'avoir établi le fondement même de la métaphysique, à savoir le sens et la validité de l'idée ou du concept de l'absolu.

La validité objective de notre concept d'une nature normale et absolue des choses est garantie, premièrement, par la certitude de l'évidence immédiate de ce concept lui-même. Que tout objet réel doive posséder une nature qui lui est propre et que le caractère foncier de la nature vraiment propre, normale, des choses soit l'identité avec soi-même, — c'est là une notion tellement certaine et évidente pour notre pensée, que nous ne concevons pas même la possibilité d'objets qui ne possèdent pas de nature vraiment propre, et qui soient en désaccord avec eux-mêmes, quoique l'expérience ne nous présente que des objets de cette espèce.

En second lieu, la validité de notre concept de la nature normale et absolue des choses est garantie par le fait même que ce concept est la loi fondamentale de la pensée logique. La pensée n'a un caractère logique qu'en tant qu'elle est capable de la connaissance vraie des choses; si la loi de notre pensée n'avait pas de validité objective, nous serions voués irrévocablement au règne de l'erreur, puisque l'âme même de notre faculté de connaître serait faussée. C'est ici que les objets de l'expérience entrent en lice pour témoigner en faveur de cette loi, et il s'agit maintenant d'exposer cette triple preuve fournie par l'expérience.

La première preuve est que les objets de l'expérience, quoique divergeant de la norme de notre pensée, ne vont jamais jusqu'à la contredire; en d'autres termes, que jamais rien de logiquement contradictoire ne se présente et ne se produit dans la réalité. La norme de notre pensée serait contredite et réfutée par les faits, s'il se trouvait un seul objet qui fût un et multiple dans sa propre nature, indépendamment de toute condition extérieure, ou s'il se produisait un changement absolu, sans cause. Or nous connaissons assez le monde pour savoir qu'il ne s'y rencontre rien d'absolu, rien qui ne soit soumis à des conditions.

En ce qui concerne les changements, le témoignage de l'expérience qu'aucun changement ne se produit sans cause, est tellement uniforme qu'il se confond avec la validité de l'expérience elle-même. Si un changement pouvait arriver sans cause, l'ordre du monde en serait troublé et jeté dans la confusion; comme, en effet, dans le monde tout tient à tout, une infraction à l'ordre des choses serait la ruine de cet ordre lui-même. L'invariabilité des lois suivant lesquelles se produisent les changements et les phénomènes est le seul élément permanent dans le monde; une atteinte portée à l'invariabilité des lois serait donc une atteinte portée à la permanence du monde lui-même. Cette invariabilité des lois de l'expérience ne possède pas, il est vrai, un caractère absolu, comme je l'ai montré suffisamment dans les articles précédents — rien dans ce monde n'est absolu, — mais elle n'en exclut pas moins la possibilité d'un changement sans cause. Car si rien dans ce monde n'est absolu, il en résulte évidemment aussi qu'il ne peut s'y produire un changement absolu, c'est-à-dire sans cause.

Quant à la réunion simultanée du divers, tous les objets de l'expérience en sont des exemples; ils sont tous composés, c'est-à-dire uns et multiples à la fois, mais non d'une manière absolue : l'unité en eux n'est pas identique avec la multiplicité, le divers en eux n'est pas un par sa propre nature. Un cas particulier le fera mieux comprendre. Nous ne connaissons dans ce monde aucune unité aussi intime du divers que l'unité du sujet et de l'objet dans notre propre connaissance ou dans notre conscience de nous-mêmes : je me reconnais moi-même, et il semble ici, à première vue, que ce qui connaît et ce qui est connu, que le sujet et l'objet sont absolument le même être, que leur dualité est, par sa propre nature, indépendamment de toute condition, une unité, et leur unité une dualité. Néanmoins, il est aisé de prouver qu'il n'en est rien. Si le sujet et l'objet en nous, dans notre conscience de nous-mêmes, étaient, par leur propre nature, d'une manière absolue, un seul et même être, ils ne pourraient jamais être en désaccord l'un avec l'autre. L'erreur étant un désaccord entre l'idée ou la représentation et son objet, aucune erreur ne pourrait donc se produire dans notre connaissance de nous-mêmes. Nous savons, au contraire, que dans la connaissance de nous-mêmes l'erreur est non seulement possible, mais encore très fréquente, et que la science de notre moi, la psychologie, est encore à faire, pour ainsi dire, malgré tous les efforts tentés depuis l'antiquité pour la constituer. Il devient ainsi manifeste que le sujet et l'objet, dans notre connaissance de nous-mêmes, ne sont pas uns par leur nature, ou d'une manière absolue, et que si nous croyons reconnaître en nous une unité indivisible et persistante du moi, ce n'est qu'une illusion, ou une apparence naturelle sans laquelle nous n'existerions pas. L'erreur ou le désaccord entre le sujet et l'objet de notre moi est donc une condition de leur existence même [1].

Il est donc certain que l'expérience ne présente jamais rien qui contredise la norme de notre pensée. Si tous les objets de notre expérience divergent de cette norme ou ne lui sont pas conformes, ils sont aussi tous soumis à des conditions et ils sont exclus par là du domaine représenté par la norme de notre pensée. Touchant le conditionné, cette norme n'apprend rien ; elle n'en établit ni la possibilité, ni l'impossibilité. Nous ne pouvons pas concevoir comment des objets tels que nous les présente l'expérience sont possibles ; mais nous ne pouvons pas non plus affirmer *a priori* leur impossibilité. Toute divergence de la norme devient logiquement contradictoire et impossible si on lui attribue un caractère absolu ; mais aucune divergence de la norme, aucune anomalie n'est logiquement contradictoire et impossible si elle est soumise à des conditions. Car la norme de notre pensée exprime uniquement la nature normale et absolue des choses, et elle n'a aucun rapport avec ce qui n'est pas absolu.

Or, ce fait que les objets de l'expérience, quoique divergeant de la norme de la pensée, ne sont jamais en contradiction avec elle, équivaut à un témoignage positif en faveur de sa vérité ou de sa validité objectives. Car s'il ne peut rien se rencontrer dans l'expérience qui soit logiquement contradictoire, c'est-à-dire aucune réunion absolue du divers, la raison en est, non dans la nature physique que l'expérience nous présente, et qui ne renferme rien d'absolu, mais dans la nature absolue des choses qui est exprimée par la norme de notre

1. Une preuve encore plus frappante du fait que le sujet et l'objet, c'est-à-dire ce qui pense et ce qui sent en nous, ne sont pas uns par leur propre nature, d'une manière absolue et immédiate, est fournie par le désaccord si fréquent entre la théorie et la pratique. Nous sommes souvent dans le cas de voir ce qui est le bien et de ne pas le faire ; ce serait impossible si notre moi était une unité absolue.

pensée. Si l'identité avec soi-même n'était pas le caractère foncier de
la nature vraiment propre ou normale des choses, rien n'empêche-
rait que des objets réels ne fussent logiquement contradictoires,
c'est-à-dire uns et multiples à la fois d'une manière absolue, ou ne
sortissent du néant pour y retourner. Dans ce cas, notre pensée ne
posséderait pas de caractère logique, et n'aurait pas de validité objective. Comme nous pouvons, au contraire, reconnaître et juger
toutes choses en vertu de la norme de notre pensée, c'est déjà une
preuve irrécusable de sa vérité ou de sa validité objectives. Et en effet,
si subtile, si compliquée, si ondoyante et équivoque que soit la nature
physique des choses, et si propre à dérouter l'esprit à chaque pas,
nous n'en sommes pas moins en état de trouver ailleurs un point
d'appui sûr, inébranlable, et d'assigner à cette nature protéenne elle-
même des bornes qu'elle ne peut jamais franchir dans ses égarements. Quelque anormale et illogique que soit la nature physique,
elle ne peut jamais avoir de caractère absolu; nous le savons, puisque
nous possédons la notion de l'absolu, et, par cela même, nous domi-
nons la nature physique : elle ne peut jamais être logiquement contradictoire.

Mais ce n'est là encore qu'une première preuve. En y regardant de
plus près, on voit que les objets de l'expérience prouvent la vérité
de la norme par leur divergence même de cette norme ou leur non-
conformité avec elle.

D'après la norme de notre pensée, il est dans la nature vraiment
propre ou normale des choses d'être absolument identiques avec
elles-mêmes, c'est-à-dire absolues, simples, invariables et parfaites.
Les objets de l'expérience ne sont pas identiques avec eux-mêmes;
ils sont composés, variables et soumis à des conditions; mais ils
prouvent par cela même qu'ils n'ont pas de nature qui leur soit vraiment propre et que, par conséquent, leur nature physique ou empirique est anormale. La nature normale d'un objet est celle qui lui est
vraiment propre, dans et par laquelle il peut être identifié avec lui-
même, c'est-à-dire comme étant lui-même et rien que lui-même,
indépendamment de tout ce qui n'est pas lui.

Eh bien, prenons d'abord un objet composé de plusieurs qualités.
Il est manifeste aussitôt que cet objet, en tant qu'il est un, ne possède pas de nature qui lui soit propre, puisque sa nature consiste en
un certain nombre de qualités différentes. Il ne peut être identifié
avec aucune de ces qualités diverses en particulier, puisqu'il les pos-

sède toutes ensemble; ni avec la somme de ces qualités, puisqu'une somme n'est pas une unité réelle. En fait, un objet composé n'est pas du tout un objet réel, mais seulement le lien d'une diversité réelle; comme un, il ne possède pas de nature qui lui soit propre. Mais la multiplicité de ses qualités, quoique réelles, ne se possède pas non plus elle-même, puisqu'elle représente ou constitue la nature d'un objet unique.

En second lieu, la variabilité des objets de l'expérience conduit au même résultat. Un objet, qui passe par une succession d'états différents, ne peut être identifié avec aucun de ses états successifs, et il se montre ainsi dépourvu d'une nature qui lui soit vraiment propre.

Le fait, en troisième lieu, que tous les objets de l'expérience sont soumis à des conditions autorise une conclusion toute pareille. Si la nature d'un objet est déterminée par des conditions extérieures, elle ne lui est pas vraiment propre, puisqu'elle lui est octroyée du dehors. C'est trop évident pour avoir besoin d'aucun éclaircissement.

On voit donc que dans la mesure même où les objets de l'expérience ne sont pas conformes à la norme de la pensée, ils paraissent aussi dénués d'une nature qui leur soit vraiment propre, ils prouvent eux-mêmes leur anomalie et, par contre-coup, la validité de la norme dont ils s'écartent.

Enfin, les objets de l'expérience fournissent encore une troisième preuve ou un troisième témoignage en faveur de la norme de la pensée et un témoignage qui est le véritable couronnement de toute la démonstration présente. L'investigation des faits, dans les articles précédents de cette Série et dans le volume d'*Esquisses* que j'ai publié, a fait voir que les objets de l'expérience ne sont pas conformes en réalité à la norme de la pensée, mais qu'ils sont organisés de manière à s'y conformer en apparence.

Nous ne connaissons que deux sortes d'objets, les esprits et les corps. Les uns et les autres paraissent être des substances, c'est-à-dire des objets réels, possédant une nature qui leur est propre et conforme à la norme de la pensée; mais une analyse attentive montre qu'ils ne sont des substances qu'en apparence. Notre moi ne possède pas de nature qui lui soit vraiment propre, puisque tout le contenu de son être (de son intelligence et de sa volonté) lui vient du dehors, et aussi parce qu'il est, à chaque instant de la vie, un produit de causes ou de conditions extérieures. De même, en analysant l'expérience et l'idée des corps, on constate que les corps ne

sont rien autre chose que nos propres sensations représentées comme
des substances extérieures. Si l'on déduit de la notion de corps
tout ce qui est sensation, il ne reste que l'abstraction vide et logiquement contradictoire d'un quelque chose dépourvu de qualités, qui
remplit un espace et qui agit sur d'autres fantômes semblables à lui.

Or, cette apparence ou cette tromperie est la preuve la plus frappante et la plus décisive de la nature anormale des choses de ce monde.
L'anomalie implique la nécessité de se renier et aussi de se trahir elle-
même. Un objet se renie quand il renferme la tendance à son propre
anéantissement, ou quand il contient la nécessité de se déguiser, de
paraître ce qu'il n'est pas. L'anomalie se révèle de la première manière
dans le mal et de l'autre dans le faux. J'ai déjà montré que ces
deux manières de se renier se présentent nécessairement ensemble,
que tout ce qui est anormal renferme la tendance originelle à se
détruire lui-même, et ne peut exister qu'en se déguisant, en paraissant être quelque chose de normal ou de conforme à la norme de la
pensée. En se reniant lui-même, en paraissant conforme à la norme,
l'anormal fournit donc la preuve évidente de la validité de cette
norme, et en confirme la certitude intrinsèque et immédiate.

Mais cette preuve n'a d'effet que sur ceux qui peuvent pénétrer
l'apparence naturelle. Pour ceux, au contraire, qui en restent les
esclaves, l'apparence naturelle rend impossibles, tout à la fois, et la
connaissance vraie des choses et l'intelligence de la norme ou de la
loi fondamentale de la pensée. Comme les objets de l'expérience
semblent faussement conformes à la loi de la pensée, la plupart des
hommes sont incapables de saisir le sens véritable de cette loi. Tous
les objets de l'expérience sont composés et variables et paraissent
cependant être des substances, c'est-à-dire des objets absolus, ou possédant une nature qui leur est propre; il en résulte que les hommes,
le plus souvent, ne parviennent pas à comprendre qu'un objet vraiment absolu, qui réellement possède une nature propre, ne peut
être, en aucun sens, ni composé, ni variable.

Mais, tout en constatant la cause de cette incapacité, on n'est pas
moins surpris de voir combien elle est générale, ou plutôt universelle, et combien peu d'hommes sont capables de pénétrer l'apparence naturelle et surtout de comprendre la loi fondamentale de leur
propre pensée. L'exposition que j'ai donnée de cette loi aidera-t-elle
ou non quelqu'un à la comprendre? Je l'ignore; mais il est certain
que sans l'intelligence de cette loi, l'humanité sera condamnée à se

mouvoir toujours dans le même cercle de confusions et de révolutions, sans jamais parvenir à être maîtresse d'elle-même et à guider ses propres destinées.

II. — RAPPORT DE L'ABSOLU AVEC LE CONDITIONNÉ OU LE MONDE PHYSIQUE.

Après avoir analysé et prouvé la norme de la pensée, il faut montrer quelle lumière elle répand de son côté sur les choses, particulièrement sur nous-mêmes, et, par-dessus tout, sur les éléments de notre être qui donnent naissance à la moralité et à la religion. La norme de la pensée étant la notion de la nature normale et absolue des choses, est le fondement de toute ontologie. J'espère maintenant faire comprendre que l'ontologie fournit à la morale et à la religion une base scientifique tellement appropriée, qu'elles n'apparaissent que comme des faces différentes d'un même fait transcendant. Bien loin de proposer à l'ontologie un problème à résoudre, la morale et la religion lui apportent, au contraire, une confirmation spontanée de la plus haute valeur tout en lui empruntant leur fondement scientifique. On constate, en effet, que tous les éléments supérieurs de notre être témoignent dans le même sens et tendent vers la même direction.

Le conditionné ne peut pas être pensé sans l'absolu, voilà ce que se sont dit les philosophes qui ont abordé les problèmes de l'être. Mais qu'est-ce que cela signifie? L'opinion générale est que le conditionné présuppose l'absolu comme son substratum, sa base ou sa cause, en un mot que l'absolu contient la raison suffisante du conditionné. Certes, le conditionné doit être en relation avec l'absolu, la pensée de l'un venant nécessairement dès que l'on pense à l'autre; mais supposer que l'absolu contienne, en un sens quelconque, la raison suffisante du conditionné, c'est une erreur capitale et capable de fausser toute la fonction de la pensée.

Pourquoi la pensée du conditionné mène-t-elle nécessairement à la pensée de l'absolu? L'existence absolue est l'existence normale; l'existence du conditionné est au contraire une anomalie, puisque le conditionné est ce qui ne possède pas de nature qui lui soit vraiment propre. La conclusion du conditionné à l'absolu se fait donc de la manière suivante : les choses de ce monde ne possèdent pas dans l'expérience de nature qui leur soit vraiment propre; la nature vraiment propre ou normale des choses doit être en dehors de l'expérience. C'est là une conclusion logiquement nécessaire; mais

on constate immédiatement qu'il n'y a pas de nécessité réciproque,
ou qu'on ne peut pas conclure inversement de l'absolu au conditionné, déduire, en d'autres termes, de l'absolu la nécessité du conditionné. Bien au contraire, il est tout d'abord évident que la norme
ne peut pas servir à l'explication de l'anomalie, ne peut pas contenir
la raison suffisante de ce qui est en désaccord avec elle-même.
L'anomalie, c'est-à-dire ce qui s'écarte de la norme, présuppose évidemment une norme dont elle s'éloigne. Par exemple, on ne peut
pas concevoir la maladie sans la santé, la difformité sans une forme
ou une figure normale, le faux sans le vrai, etc. Mais l'existence
d'une norme ou d'une nature normale des choses ne présuppose nullement une autre nature différente d'elle-même, et au contraire. Il n'y
a donc point d'explication possible de l'anormal ou du conditionné. Le
conditionné, le monde des phénomènes exige une explication parce
que nous ne concevons pas comment il peut exister par lui-même;
mais si nous ne pouvons pas même concevoir sa possibilité, comment
pourrions-nous démontrer sa nécessité ou, en d'autres termes, lui
trouver une explication rationnelle? La contradiction est manifeste [1].

Il y a cependant une tendance naturelle à se précipiter dans cette
contradiction, à chercher une explication du monde; on croit tout
naturellement, en effet, que ce qui exige une explication est susceptible d'être expliqué. Mais c'est encore un de ces cas où la conclusion
qui se présente d'elle-même à l'esprit est l'opposé de la conclusion
qui résulte rationnellement des prémisses données. Aussi toutes les
tentatives pour expliquer le monde, pour résoudre l'énigme que
pose l'existence du conditionné ou de l'anormal, sont-elles non seulement vaines et inefficaces, mais encore funestes à toute l'organisation de la pensée. Elles ont pour conséquence nécessaire, en effet,
de rendre impossibles la connaissance vraie des choses et l'intelligence de la loi fondamentale de la pensée, de fausser l'idée ou la
notion de l'absolu lui-même.

Ce point est d'une extrême importance pour la morale et la reli-

---

1. Le premier principe de toute déduction et de toute démonstration rationnelle est la norme ou la loi fondamentale de la pensée. Mais cette norme exprime
uniquement la nature normale et absolue des choses, et elle n'a aucun rapport
avec ce qui est anormal et inconditionné. La norme de la pensée ne peut atteindre
le conditionné et trouver une application dans sa conception que d'une manière
toute négative, par le principe de contradiction ; car rien de logiquement contradictoire ne peut exister dans la réalité. On a ainsi une déduction ou une explication en quelque sorte négative; je l'ai exposée dans le *Tableau de l'enchaînement des choses*.

gion. Supposer que l'absolu contient la raison suffisante du monde des choses conditionnées, c'est supposer qu'il contient la nécessité de se renier lui-même, de renier son caractère de norme absolue et identique avec elle-même; or, la nécessité de se renier soi-même est précisément le caractère distinctif de tout ce qui est anormal, et c'est par là que se révèle son anomalie intrinsèque, sa contradiction intime avec lui-même. La supposition que l'absolu puisse contenir la raison suffisante des choses de ce monde implique donc une contradiction dans les termes et une falsification radicale de la pensée.

Essayons de le démontrer en détail.

En vertu de la loi fondamentale de la pensée, nous ne pouvons concevoir que des substances, c'est-à-dire des êtres ou des objets absolus, identiques avec eux-mêmes. C'est ce qui nous rend dès l'origine si propres à subir l'apparence naturelle où le monde des phénomènes se présente comme un monde de substances. Ne pouvant concevoir la possibilité de quelque chose qui ne soit qu'un phénomène, nous sommes enclins à prendre les phénomènes pour des substances, et, comme toute notre expérience est organisée de manière à entretenir cette erreur, cette illusion devient la condition nécessaire de toute connaissance empirique et de notre existence consciente elle-même. Mais, tout en restant asservis à l'apparence naturelle, les penseurs, dès l'antiquité, se sont sentis mal à l'aise sous sa domination; ils n'ont pas pu borner leur pensée à l'univers physique; ils ont compris vaguement que le dernier terme de la pensée, l'absolu, est distinct de ce monde. Dans l'incertitude de leurs premières réflexions, ils ont supposé que les choses de ce monde avaient tiré leur origine de l'absolu, qu'elles en étaient des créations ou des émanations dans un sens quelconque. Je ne relèverai pas la contradiction où l'on aboutit en supposant que les substances de ce monde ont été créées ou émanent de quelque source antérieure, alors que le mot substance désigne expressément un objet absolu, qui n'a ni cause, ni origine. Cette contradiction, en effet, est sans importance, puisque les substances de ce monde ne sont que des apparences, et qu'il n'y a dans ce monde que des phénomènes qui se produisent et se reproduisent sans cesse de nouveau. Mais la pensée même d'une première origine ou d'un premier commencement ne peut, comme je l'ai montré plus haut, se soutenir. Bien plus, si l'hypothèse d'une création ou d'une émanation, d'une première origine des choses était admissible, elle serait encore insuffisante. Les

choses de ce monde, en effet, naissent ou se reproduisent à chaque
instant de nouveau ; si l'on suppose donc une création, il faut aussi
supposer, comme l'a très bien vu Descartes, que cette création se
continue toujours et s'exerce à tous les moments. Mais dans cette
supposition, le prétendu créateur se confond avec le principe agissant de la nature, et il faut voir ce qui en résulte.

J'ai essayé, dans un article précédent, de montrer ce qu'on peut
savoir du principe agissant de la nature. Qu'on l'appelle *natura
naturans*, âme du monde, force, énergie, *inconscient, inconnaissable,*
ou de tout autre nom, ce principe n'est rien autre que la nature physique elle-même, prise du côté de son unité où tous les phénomènes
divers sont liés, et il possède tout aussi peu que ces phénomènes
eux-mêmes un caractère absolu. En identifiant le principe agissant
de la nature avec l'absolu, l'être suprême et parfait, ou en les pensant dans un rapport de parenté, on ne change rien au principe
agissant tel que nous le connaissons par ses effets dans l'expérience,
mais on fausse radicalement l'idée de l'absolu. Les éléments physiques de la réalité connue, en effet, sont ses éléments anormaux, et
le principe des lois physiques de la nature est par conséquent la
source de l'anomalie.

Prenons, pour mieux le comprendre, notre propre nature. Notre
pensée a un côté physique ; elle plonge par ses racines dans la nature
physique, et elle est soumise originairement à des lois physiques ;
mais c'est précisément l'action de ces lois physiques sur notre pensée
qui nous induit en erreur. Si notre pensée n'avait pas d'autres lois,
la vérité et la certitude ne seraient pas possibles. Mais elle possède
aussi une nature logique, dont la norme ou loi fondamentale est le
concept de la nature normale et absolue des choses. Cette norme est
le principe de toute vérité, de toute certitude rationnelles, et grâce
à elle seule la pensée logique est possible. De même, notre volonté
est soumise à des lois physiques ; mais c'est précisément l'action de
ces lois physiques en nous qui nous induit à faire le mal. La nature
morale de notre volonté est opposée à l'action de ces lois physiques,
et repose sur la conscience de la nature normale et absolue des
choses. En général, nous avons une nature physique, et nous
sommes, par ce côté, un produit ou une émanation du principe agissant de la nature. Mais c'est ce côté-là en nous qui est anormal. Le
principe agissant de la nature est la source de toutes les lois qui
déterminent l'apparence naturelle ; il est donc le principe de tout

mal et de toute erreur. Au contraire la nature logique de notre
pensée et la nature morale de notre volonté ont leur fondement dans
l'absolu, c'est-à-dire dans la nature normale des choses. Il n'y a
donc évidemment point d'erreur plus monstrueuse et plus funeste
que l'identification ou l'unification du principe agissant de la nature
et de l'absolu. La cruauté, la luxure, la perfidie ne peuvent pas avoir
une source et une origine communes avec l'abnégation, la chasteté,
la véracité et la charité, et pareillement les rêves d'un maniaque et
les croyances saugrenues d'un sauvage ne peuvent pas avoir la même
source que la philosophie. D'une manière générale, l'apparence
naturelle ne peut pas procéder du même principe que la conscience
supérieure qui pénètre l'apparence et s'élève au-dessus d'elle. Si par
notre nature physique nous sommes apparentés avec le principe
agissant de la nature, c'est seulement par le côté supérieur, logique et
moral de notre nature que nous sommes apparentés avec l'absolu, et
entre l'un et l'autre de ces deux termes, il y a une opposition absolue.

Tout homme, pour peu qu'il soit capable de penser, voit bien que
le mal et l'erreur sont quelque chose d'anormal et qui ne devrait pas
être ; mais la plupart des hommes veulent à tout prix voir dans l'absolu la source ou le principe de toutes choses. Comment parvien-
nent-ils donc à concilier ces idées inconciliables, à concevoir que
l'être absolu et parfait soit la cause du mal et de l'erreur? Ils disent
que notre horizon humain est borné, qu'il peut y avoir un point de
vue supérieur où ce qui nous apparaît comme une anomalie se
trouve, en réalité, conforme à l'ordre normal et éternel des choses.
Ils supposent donc que le mal et l'erreur peuvent faire partie intégrante de l'ordre absolu et normal des choses; et ils osent appeler
cela un point de vue supérieur! Ils ne voient pas que pour atteindre
cette supériorité prétendue et toute hypothétique, ils ruinent de
fond en comble la conscience même sur laquelle repose toute supériorité véritable, grâce à laquelle seule nous sommes des êtres
moraux et raisonnables, la conscience que le mal et l'erreur sont
quelque chose d'anormal, ou, en d'autres termes, qu'il y a une opposition ou une incompatibilité absolue entre le mal et l'erreur, d'une
part, le bien et le vrai ou la nature normale des choses, de l'autre.
Si l'homme lui-même, tout borné qu'il est dans sa puissance, ne doit
pas se permettre de faire le mal pour réaliser le bien, ni de tromper
sous prétexte d'éclairer les autres, si pour l'homme lui-même le but
ne justifie pas les moyens, comment serait-il conciliable avec le

caractère de l'être absolu et parfait, avec la source et l'idéal de toute
vérité et de toute moralité, de produire le mal et l'erreur? Bien loin
de pouvoir être conformes à l'ordre normal des choses, à quelque
point de vue que ce soit, bien loin de pouvoir être considérés comme
une condition essentielle du bien et du vrai, le mal et le faux ne
peuvent pas même coexister naturellement avec eux. Le monde
physique qui contient le mal et le faux ne contient rien qui soit bon
et vrai d'une manière absolue, en dehors de notre pensée logique et
de notre conscience morale qui ne poursuivent le vrai et le bien
qu'en opposition avec les influences physiques [1].

C'est là le point essentiel. Le monde physique étant anormal ne
contient rien d'absolu, surtout rien d'absolument bon ou d'absolument vrai. Nous nous élevons, au contraire, à la vérité absolue dans
la connaissance des choses et au culte du bien absolu; le principe de
cette élévation est la loi fondamentale de la pensée. Les lois normales de notre être — les lois logiques et morales — sont, par
suite, en opposition et en lutte avec ses lois physiques, et comme
celles-là procèdent de l'absolu, celles-ci ne peuvent pas en procéder
également. Croire que l'absolu contient la raison suffisante de la
nature physique des choses, c'est renier la pensée logique et la conscience morale, c'est, par conséquent, fausser les éléments supérieurs de notre être. L'absolu est exclusivement la norme suprême,
c'est-à-dire la nature vraiment propre ou normale des choses, et
l'on ne peut lui attribuer que des qualités morales : il est le bien et
le vrai purs, la source de toute bonté et de toute vérité, en un mot,
de toute perfection. Il n'a, par contre, point de qualités physiques
ni de rapports avec les éléments physiques et anormaux, par cela
même, de la réalité connue.

Mais alors, dira-t-on, la relation de l'absolu avec le conditionné
ou le monde physique est inconcevable. Sans doute; et la raison en

<hr/>

1. En cherchant à expliquer et à justifier l'anomalie qui se rencontre dans ce
monde, on n'a fait attention qu'à une espèce d'anomalie, le mal; on a toujours
laissé de côté une autre espèce d'anomalie, le faux. Et pourtant, même quand
on ne sait pas encore que le monde physique tout entier repose sur des
illusions ou des apparences, on ne peut s'empêcher de voir que l'erreur four-
mille dans l'esprit des hommes et produit les plus funestes effets. Or il est
impossible, même en fermant les yeux à la lumière, de considérer le faux comme
faisant partie intégrante du vrai; car le faux n'existe qu'en usurpant la place du
vrai : on n'adhère à une erreur que parce qu'on la prend pour une vérité. Aus
l'optimiste même le plus décidé rougirait-il d'affirmer que l'erreur et la trompe o
sont des conditions de la perfection du monde.

est que le monde physique ne peut pas être déduit de l'absolu ou être expliqué par lui; c'est dire qu'étant anormal il ne peut jamais être conçu et représenté comme conforme à la notion de la nature normale et absolue des choses, qu'on ne peut pas même concevoir sa possibilité et, par conséquent, encore moins montrer aucune nécessité rationnelle de son existence. Il faut en convenir, quelque déplaisir que l'on en éprouve, et se rendre au dilemme suivant : ou l'on reconnaît le caractère anormal et irrationnel des choses de ce monde, et alors on renonce à leur trouver une explication, à les croire dérivées de l'absolu; ou l'on méconnaît le caractère anormal des choses, on les regarde comme explicables, comme dérivées de l'absolu, et alors on fausse à la fois la vue des choses et l'idée de l'absolu qui est la loi fondamentale de la pensée, pour aboutir à désorganiser ou à rendre impossible toute pensée. Il faut choisir entre reconnaître des anomalies dans le monde, ou s'embarrasser dans d'inextricables contradictions. Or il peut y avoir obscurité et confusion dans les choses, sans que notre pensée, si elle se soumet aux lois logiques, perde rien de sa clarté et de sa certitude.

Nous devons, en résumé, constater franchement le dualisme ou l'opposition de la nature normale et de la nature physique des choses, de l'absolu et du monde. Nier, en effet, ce dualisme, c'est l'introduire dans le sein de l'absolu lui-même, c'est déclarer que le mal et le faux en font partie et, par conséquent, attribuer au mal et au faux les mêmes droits et le même caractère absolu qu'au bien et au vrai. Toute l'anomalie, toute l'obscurité qui se rencontrent dans les choses physiques sont ainsi transplantées dans l'absolu, et sa notion, au lieu d'être le soleil de la pensée, le fondement de toute certitude et de toute évidence rationnelle, n'est plus qu'une notion confuse et contradictoire.

III. — Le fondement de la morale.

Nous vivons dans un temps singulier! Nous sommes entourés de personnes instruites qui attribuent à la science le pouvoir de faire rentrer l'humanité dans l'animalité, puisque l'homme, d'après les enseignements de la science, est un simple animal, ou, pour parler avec plus de précision, une machine mue par des ressorts extérieurs et soumise uniquement à des lois physiques. Si étrange que paraisse cette manière de voir, elle est la suite nécessaire de la supposition

que les résultats de la science physique sont des vérités absolues. Si
la science physique possédait une vérité absolue, si, en d'autres
termes, l'ordre physique du monde était absolu, il ne resterait,
comme je l'ai fait voir dans des articles précédents, aucune possibilité pour des causes non physiques de s'exercer. C'est un fait incontestable que tout dans ce monde, non seulement dans la nature extérieure, mais aussi dans notre pensée et notre volonté, est soumis à
des lois physiques. Si ces lois avaient une validité absolue, il ne
pourrait pas y en avoir d'autres. Mais on se heurte aussitôt à une
difficulté : si l'homme n'était qu'une machine, s'il n'était régi que
par des lois physiques, la science même ne serait pas possible. Une
simple machine, en effet, n'est pas capable de science, parce que
toute science implique une certitude rationnelle, une valeur logique
des prémisses et des conclusions, tandis que l'on supprime toute raison et toute logique en supposant que la pensée et la connaissance
sont elles-mêmes un produit d'agents physiques. Quand vous croyez,
après démonstration, que la somme des trois angles d'un triangle est
égale à deux droits, est-ce une cause physique qui produit en vous
cette croyance? L'affirmer, ce serait nier qu'il existe rien de pareil à
une démonstration, à une certitude rationnelle, et, pour tout dire,
nier toute science. Mais alors quelle valeur attribuer à ses propres
croyances, à ses jugements? Ce serait un suicide intellectuel. Tous
les jugements faux et erronés sont, en effet, produits par des causes
physiques. La science vraie, au contraire, n'est possible qu'autant
que la pensée est, en outre, régie par des lois logiques et capable de
surmonter les obstacles que lui opposent les causes et les lois physiques. On voit donc que la science n'est possible que parce que les
lois physiques n'ont pas de validité absolue.

Cette vérité se manifeste de la manière la plus frappante lorsque
l'on examine les rapports de la pensée avec le cerveau. On a constaté comme un fait général que la pensée dépend du cerveau. Mais
comment l'a-t-on constaté? Par l'expérience que tout dérangement
dans le cerveau produit un dérangement dans la fonction de la
pensée. De ce résultat négatif on déduit tout naturellement une conclusion qui le dépasse de bien loin : on conclut que le fonctionnement normal du cerveau est la cause positive et suffisante du fonctionnement normal de la pensée. Mais c'est là que se montre clairement la fausseté des conclusions fondées sur la supposition d'une
validité absolue des lois physiques. Car le fonctionnement normal de

la pensée est celui qui est strictement conforme aux règles et aux lois logiques, et l'on ne peut évidemment attribuer aucune faculté logique aux fibres et aux cellules qui composent la substance du cerveau.

Il n'a été jusqu'ici question que de science et de logique; mais on voit aisément que la cause de la morale est indissolublement liée à celle de la science et de la logique. Pour que la moralité soit possible, il doit y avoir, comme pour la science, dans le monde physique, une action dont le principe est, non la force physique, mais la persuasion; il doit y avoir des effets produits, non par des causes d'ordre physique, mais par des causes d'ordre moral. Comme il ne peut y avoir de science sans lois logiques, distinctes et indépendantes des lois physiques de la pensée, de même il ne peut y avoir de moralité et de morale vraie sans une loi morale distincte et indépendante des lois physiques de la volonté. La distinction du bien et du mal repose sur le même principe que la distinction du vrai et du faux.

C'est ce que méconnaissent ceux qui proclament le plaisir et l'absence de la douleur comme le but suprême et le dernier terme de la volonté. En fuyant la douleur et en recherchant le plaisir, nous sommes exactement semblables aux animaux qui font de même. En prenant la recherche du plaisir pour le fondement de la morale, on se place donc au point de vue de l'animal, qui ne connaît pas la distinction du bien et du mal quoiqu'il connaisse la distinction du plaisir et de la douleur. C'est que la distinction du bien et du mal n'est rien autre chose que la conscience de leur opposition absolue; la conscience morale est ainsi une révélation innée et intérieure de l'absolu, qui dépasse nécessairement toutes les données empiriques.

Mais, sur ce point, la confusion est extrême dans les esprits. Ceux qui voient bien que la loi morale est indépendante des données physiques et procède de la conscience de l'absolu, croient, presque sans exception, qu'elle a été imprimée en nous par un Dieu créateur, et ils ne remarquent pas qu'ils ruinent par cette croyance le caractère absolu et intérieurement obligatoire de la loi morale. Si la loi morale ne fait pas partie intégrante de notre propre nature, si elle est seulement imprimée en nous par un être extérieur et si elle aurait pu, par conséquent, ne pas y être imprimée, qu'est-ce qui nous oblige à la suivre? Nos penchants physiques, égoïstes et même vicieux ne sont-ils pas implantés en nous par le même créateur? Suivant votre supposition, c'est ce qu'il faut admettre; vous n'avez donc aucune raison de réclamer pour la loi morale une autorité supérieure. Il ne faut alors rien moins qu'une révélation spéciale du prétendu créateur pour nous apprendre que ce créateur, quoique nous ayant asservis à des lois physiques, exige cependant que nous conformions notre conduite à la loi morale. Nous voilà livrés à toutes les confusions et à toutes les incertitudes. Comment reconnaître, en effet, une révélation spéciale de ce prétendu créateur? Il y a eu déjà tant de révélations! Et toutes ne révèlent jamais que l'esprit humain lui-même, quelquefois dans ce qu'il a de plus élevé, quelquefois aussi dans ses bassesses et ses égarements. Que devient ainsi la loi morale? Au lieu d'être la révélation la plus certaine et la plus authentique de Dieu, elle n'est plus que le jouet des imaginations, et elle y perd le caractère moral qui lui est propre. Car si elle nous est révélée du dehors, elle n'a aussi qu'une sanction et une autorité tout extérieures. Il faut par conséquent nous inciter à la suivre par l'appât des récompenses et la terreur des châtiments futurs. On fonde donc la morale sur l'égoïsme, et il y a certainement un très grand nombre d'hommes qui ne comprennent même pas que la loi morale puisse être obligatoire et avoir de l'action sur nous sans ce qu'ils appellent la sanction des peines et des récompenses futures. Cette sanction, cependant, n'est assurément pas faite pour conférer à la loi morale un caractère de sainteté : elle la rabaisse, au contraire, au niveau des penchants et des mobiles physiques.

Mais en voilà assez sur les théories fausses. Le fait est que les hommes ou nient l'existence d'une loi morale indépendante des lois physiques de la volonté, ou, en la reconnaissant, la dénaturent et la faussent par leur manière de la concevoir. Il faut tâcher de montrer ce que signifie la loi morale, quelle en est la nature, en découvrir la base ou le principe. Pour cela, il faut, en premier lieu, examiner ce que c'est que la volonté, quelle en est la source ou quel en est le mobile, et quel est le but final vers lequel elle tend.

On veut toujours quelque chose de déterminé, et on ne le veut que parce que nous en sommes privés; car, pour ce qu'on possède déjà, on n'a pas besoin de le vouloir. Mais la simple privation d'une chose n'est pas une raison ni un motif pour la vouloir. Nous ne voulons une chose qui nous manque que lorsque ce défaut est senti comme une privation, c'est-à-dire quand il détermine en nous un état de malaise ou de mécontentement. Toute volonté a donc sa source dans un état de malaise ou de mécontentement, et nous devons rechercher ce que cela signifie. Un état de malaise ou de mécontentement est un état qui ne peut se suffire à lui-même, mais qui implique la tendance à se détruire, ou à se transformer en un autre état contraire. Or un état qui ne se suffit pas à lui-même et qui implique la tendance à s'anéantir ou à se transformer, révèle par là son désaccord ou sa contradiction avec lui-même. Toute volonté procède donc d'un état de désaccord avec soi-même, et son but final est l'état opposé, c'est-à-dire l'harmonie ou l'identité avec soi-même. On voit donc que nous ne voulons des choses extérieures que subsidiairement, comme un moyen, que le vrai but, que le véritable objet de la volonté est tout intérieur : l'identité avec soi-même. C'est ce que l'on reconnaît quand on dit que le but final de la volonté est le *bien*.

Pendant des milliers d'années on a discouru sur le bien suprême, le *summum bonum*, sans parvenir à un résultat clair et certain, sans saisir notamment le lien qui existe entre la recherche du bien, d'une part, et l'obligation morale ou le devoir, de l'autre. Pour établir ce lien, Kant a même imaginé un engrenage de « Postulats de la raison pratique [1] », c'est-à-dire, en langage ordinaire, de suppositions gratuites, inventées tout exprès pour se tirer d'embarras. Mais quand on connaît la norme de la pensée et la nature véritable des choses, tout devient clair, comme j'espère le démontrer par la suite.

On pourrait croire, au premier abord, que rien n'est plus facile à découvrir que le lien entre la recherche du bien et l'obligation morale de ne pas faire le mal, puisque chacun a intuitivement conscience de l'opposition qui existe entre le bien et le mal ; mais, en réalité, nous voyons que les hommes non seulement font le mal en cherchant le bien (pour eux-mêmes), mais ne peuvent pas même trouver la raison pour laquelle ils ne doivent pas chercher leur bien en faisant du mal aux autres, alors qu'ils ont cependant la conscience intuitive que c'est répréhensible ou condamnable. Cela vient de ce que le mal, étant anormal, n'existe qu'en se déguisant. C'est ce déguisement qui est la cause de l'immoralité dans la pratique et de la confusion dans la théorie de la vie.

Nous avons vu que la volonté procède d'un état de désaccord avec soi-même et que son but final est l'état opposé, l'état d'harmonie ou d'identité avec soi-même. Or nous savons que l'identité avec soi-

---

1. Ces postulats sont, pour Kant : 1° une liberté absolue de l'homme ; 2° une vie future dans laquelle il sera récompensé pour sa vertu et 3° un Dieu juge et rémunérateur pour assurer la récompense.

même est le caractère propre de la nature normale et absolue des choses. Si donc notre moi possédait une nature absolue, c'est-à-dire vraiment propre à lui, s'il était, en d'autres termes, un objet réel, l'égoïsme serait la loi normale de son être, et, en poursuivant des fins égoïstes, il atteindrait le bien vrai et absolu : l'identité avec soi-même. Ou plutôt nous n'aurions rien à vouloir; notre état serait dès l'origine un état d'identité et non de désaccord avec nous-mêmes : nous serions dès l'origine en possession du bien vrai ou absolu. Mais, en réalité, notre moi est quelque chose d'illusoire et de vide par essence, ne possédant point de nature qui lui soit vraiment propre, et de là suit que pour exister il doit : 1° être doué de la tendance à s'affirmer et à se conserver, tendance qui repose sur l'illusion que sa vie consciente a une valeur absolue, et 2° recevoir tout le contenu de sa volonté du dehors, ce qui ne peut non plus se faire qu'au moyen d'une illusion qui lui fait apparaître l'accomplissement de certaines conditions extérieures comme son propre besoin, et la satisfaction de ce besoin comme un bien. Ce sont ces illusions qui nous poussent à chercher notre propre bien aux dépens des autres, en faisant du mal aux autres.

Le plaisir ou le b·.n que nous offre la nature est donc entaché d'illusion et diffère non en degré, mais en nature, du bien vrai ou absolu. Néanmoins on ne peut pas lui dénier entièrement le caractère de bien, comme l'ont fait les ascétiques, et nous l'appellerons le *bien relatif*. Mais il est, par nature, quelque chose d'équivoque. Le mal, étant étranger à la nature normale et absolue des choses, ne possède pas de caractère absolu, c'est-à-dire qu'il n'y a rien d'absolument ou de purement mauvais, pas de principe absolu du mal, Satan ou Ahriman. De plus, le mal étant anormal, ne peut durer qu'en se déguisant; autrement il se détruirait lui-même. Le mal est donc nécessairement quelque chose de mêlé et d'équivoque, et, à plus forte raison, le mal qui se déguise, qui prend l'apparence du bien. Les ascétiques considéraient les biens de ce monde comme positivement mauvais; les stoïciens les rangeaient parmi les choses indifférentes; en réalité, les biens de ce monde ne sont positivement mauvais qu'en tant que leur appât induit à faire le mal, mais ils ont du bon en tant qu'ils mitigent le caractère anormal du mal et nous rendent la vie supportable. Mais, tel étant le caractère des biens de ce monde, on conçoit aisément que tout, dans le monde, est mêlé et équivoque, que tout a son bon et son mauvais côté. Le bien peut quelquefois engendrer des suites funestes et le mal peut donner lieu à de bons effets. Aussi n'y a-t-il point de gain sans quelque perte, ni de progrès dans une direction sans un certain recul dans une autre direction, et maintes fois on n'a même que le choix entre deux maux. Qu'on ajoute à cela la diversité des circonstances, des dispositions et des lumières chez les différents peuples et dans des temps différents, et l'on comprendra aisément la diversité des mœurs et des jugements moraux qui se sont produits dans le monde. Or, une certaine école a cru trouver dans cette diversité des mœurs et des jugements la preuve qu'il n'existe point de loi morale ni de conscience morale absolue, que la morale est elle-même un produit des circonstances; mais c'est là une erreur qui « crie vers le ciel », comme disent les Allemands. Car l'équivoque qui donne naissance à la diversité des opinions a son siège dans la nature physique des choses, anormale et décevante, tandis que la conscience morale n'est rien autre, au contraire, que la conscience de l'opposition absolue qui existe entre le vrai bien et le mal, exclut, pour sa part, toute équivoque et ne permet pas de faire le mal, même avec une intention louable.

Il faut à présent préciser ce qui concerne cette conscience.

Si tout, dans le monde physique, anormal, est mêlé et équivoque, il n'en est pas de même de la nature normale des choses; celle-ci étant absolue, identique avec elle-même, n'admet ni mélange ni équivoque. C'est pourquoi il y a une opposition ou une incompatibilité absolue entre le mal et la nature normale des choses. La nature normale des choses doit donc être considérée comme le bien pur et absolu, et le mal, au contraire, comme quelque chose d'anormal et de condamnable qui ne devrait pas être ou qui n'a pas le droit d'exister. Ainsi la conscience morale peut être exprimée dans ces trois propositions :

1° Le mal est anormal et n'a pas le droit d'exister, puisqu'il y a une opposition absolue entre le mal et le bien ou la nature normale des choses.

2° Le mal est toujours le mal, c'est-à-dire anormal et condamnable, qu'il nous arrive à nous-mêmes ou qu'il arrive aux autres.

3° On ne peut jamais atteindre le bien en faisant le mal, et il y a par conséquent une obligation absolue de ne point faire le mal, pas même quand on se propose un but louable : la fin ne justifie pas les moyens.

On voit clairement ainsi d'où vient le caractère obligatoire de la

loi morale et la recherche du (vrai) bien en est éclaircie d'autant.
Notre égoïsme naturel, qui nous pousse à chercher notre propre bien
aux dépens des autres, est condamné par la loi morale, comme
enfreignant l'obligation de ne point faire le mal; mais il est également condamné par la considération de notre propre (vrai) bien,
comme reposant sur des illusions ou des apparences. Le bien étant
l'identité avec soi-même, et notre moi n'étant rien de réel, ne possédant point de nature vraiment propre à lui, l'affirmation égoïste de
nous-mêmes nous éloigne du vrai bien au lieu de nous en rapprocher.
Notre vrai moi, notre nature vraiment propre ou normale étant dans
l'absolu, élevé au-dessus de toutes les individualités, nous n'approchons du vrai bien ou de l'identité avec nous-mêmes qu'en travaillant
au bien général et en reniant notre moi empirique, illusoire et vide
par essence. Comme Kant l'a fort bien dit, il n'y a dans le monde
rien d'absolument ou purement bon, si ce n'est la bonne volonté
(der gute Wille), et telle a été la pensée maîtresse des sages de tous
les pays et de tous les temps : la vertu ou la moralité est, avec la connaissance vraie, le seul bien vrai ou pur dans le monde.

On voit à présent qu'il n'y a entre le plaisir et la douleur qu'un
contraste, tandis qu'il y a entre le bien et le mal une opposition
absolue, et que la conscience de cette opposition est le fondement de
la morale. On voit, par conséquent, combien est insuffisante et
erronée la théorie qui considère le plaisir comme le but final ou
suprême de la volonté et veut là-dessus fonder la morale. Sans la
notion de l'absolu, on ne comprend pas qu'il y a une opposition
absolue entre le bien et le mal, c'est-à-dire qu'on ne peut pas s'élever
à la distinction du bien et du mal, et sans cette distinction, comment
parler de morale? Si l'on ne se reconnaît pas le droit de condamner
le mal en soi, si l'on ne reconnaît pas le mal comme condamnable en
soi, quelle raison a-t-on de le condamner dans les actions des
hommes et, par conséquent, de leur prescrire une règle de conduite
quelconque? Dans cette supposition, il n'y a point d'obligation
morale; on peut tout au plus conseiller à l'individu telle ou telle
manière d'agir comme la plus propre à assurer son bien-être individuel. Mais ici encore toute théorie empirique fait nécessairement
fausse route, parce qu'elle prend des apparences pour des réalités,
les biens de ce monde pour des biens réels ou véritables. Or, rien
n'est plus triste que l'aveuglement de l'immense majorité des hommes,
qui prennent les biens de ce monde tout à fait au sérieux, comme si

c'étaient des biens véritables, absolus, et qui commettent, par amour
pour ces biens, une infinité de maux et d'injustices. Vouloir précisément fonder la morale sur l'amour de ces mêmes biens, ou, en d'autres termes, sur l'égoïsme, c'est en vérité une folie trop manifeste
pour mériter une réfutation ! .

Faut-il donc, à l'exemple des ascétiques, condamner les biens de
ce monde ? Non, assurément. Comme je l'ai déjà remarqué, les biens
de ce monde ne sont positivement mauvais qu'en tant que leur séduc-
tion nous induit à faire le mal, ou, d'une manière générale, en tant
que les hommes se laissent aveugler et dominer par l'apparence ou
l'illusion qu'ils produisent; mais la recherche de ces biens n'a rien
d'immoral ni d'irrationnel quand elle est guidée par une vue supérieure, et bien au contraire. Si l'on fausse son jugement moral en
prenant les biens de ce monde pour des biens absolus, on ne risque
pas moins de le fausser en les tenant pour tout à fait mauvais; quelle
raison, en effet, aurait-on alors de faire du bien aux autres en dehors
de ce qui peut contribuer à leur perfectionnement moral? En bonne
logique, cette opinion sur les biens devrait conduire à une grande
dureté de cœur. Être affranchi du mal est déjà un bien relatif, et les
biens les plus importants de cette vie, la santé, la liberté pratique,
et la possession de moyens d'existence ne sont, en effet, que négatifs :
l'absence de maladie, de contrainte et de dénûment; posséder ces
biens, c'est, au fond, être seulement exempt de ces maux. Or, rien
n'est évidemment plus légitime et plus rationnel que de vouloir procurer ces biens à soi-même et aux autres, et cette tendance ne devient
mauvaise et immorale que si l'on recherche son propre bien aux
dépens des autres, ou même sans égard pour les autres.

Quant aux biens qui semblent posséder un caractère positif, ce
sont d'abord les jouissances des sens, dont les principales sont celles
qui accompagnent la satisfaction des besoins naturels. Elles ont donc
leur source dans le besoin, c'est-à-dire dans l'imperfection; elles
sont donc mêlées d'illusion. Mais s'il est dégradant de les poursuivre
comme un bien important en soi, il n'y a pourtant aucune raison de
les refuser à soi-même et aux autres, tant qu'elles ne donnent lieu
à aucun mal moral ou physique.

En résumé, vouloir supprimer notre nature physique, parce qu'elle
est anormale, serait irrationnel, car il faudrait alors se supprimer
soi-même. Comme nous n'existons qu'au moyen d'une illusion, notre
nature est de toute nécessité anormale et originairement soumise à

des causes et à des lois physiques dont le représentant est le corps.
Supprimer le corps est donc impossible, et la seule voie rationnelle
est plutôt d'en faire, par une discipline appropriée, un instrument
docile de l'esprit. Et il en est de même des biens physiques en
général. Une certaine aisance est nécessaire pour le développement
supérieur de notre être, pour la culture des sciences et des arts et
pour un complet épanouissement de la faculté morale elle-même. Que
ferions-nous en ce monde, si nous n'avions pas la nature physique à
explorer et à dompter intérieurement et extérieurement? La profonde
dégradation de notre temps consiste en ce que, tout en maîtrisant
la nature physique hors de nous, on se laisse asservir par elle au
dedans, au point de perdre même la conscience que l'homme est
quelque chose de supérieur à la nature physique. Mais les hommes
ont, à présent, à leur portée, par la connaissance qui leur est offerte
de la norme de la pensée et de la nature véritable des choses, le
moyen de sortir de l'état de rêve ou de somnambulisme dans lequel
ils vivent, et une régénération de l'humanité ne peut pas paraître
impossible, quand on voit qu'elle a été réalisée par maints individus,
même en l'absence de toute notion claire des choses. L'aveuglement
inhérent à notre égoïsme naturel n'a jamais été universel; il s'est
rencontré, dans tous les temps, des individus admirables et vraiment
divins, qui ont marché fermement dans la voie droite et vécu d'une
vie supérieure malgré la divergence et la fausseté de leurs opinions et
de leurs croyances théoriques. Par bonheur, la conscience morale a
pu s'éveiller même en l'absence d'une vraie notion de l'absolu, et
les hommes, ou du moins quelques-uns d'entre eux, ont pu s'élever
à l'absolu par le sentiment avant de l'avoir saisi ou atteint par
l'intelligence.

IV. — REMARQUES SUR LA LIBERTÉ.

L'obligation morale présuppose la liberté morale, c'est-à-dire la
faculté de se déterminer soi-même, indépendamment de toute
influence étrangère. Il est essentiel de comprendre quelle est la
vraie nature de la liberté et sous quelles conditions elle est possible.

L'opinion la plus naturelle est que la liberté est une faculté
absolue, la faculté de se déterminer indépendamment de toute
cause et de toute loi. Mais une telle liberté est un contresens,
implique des contradictions logiques. Il n'y a pas plus de liberté

absolue que de nécessité absolue; car l'absolu ne peut pas être pensé comme cause, et aucune cause ne peut être pensée comme absolue. L'absolu est élevé au-dessus de la sphère dans laquelle se rencontrent la liberté et la nécessité, c'est-à-dire au-dessus de la sphère du relatif et du variable. Et cependant la liberté est fort certainement la participation à un caractère absolu; c'est là dessus aussi que repose notre personnalité et, l'on peut également le dire, notre réalité. Nous ne sommes des personnes, des êtres libres, et même des objets réels qu'en tant seulement que nous participons à un caractère absolu. L'important est de comprendre en quoi consiste cette participation; car en découvrant le fondement de la liberté morale, nous découvrirons le fondement de la personnalité elle-même et nous poserons ainsi les bases de la vraie psychologie.

Le fait certain dont nous devons faire notre point de départ est que nous nous reconnaissons nous-mêmes, dans notre conscience immédiate de nous-mêmes, comme des objets absolus, c'est-à-dire indépendants de tous les autres objets. C'est par là seulement que nous sommes des êtres distincts, possédant un *moi*. J'ai déjà eu l'occasion de faire remarquer qu'il est impossible de se reconnaître soi-même, dans sa conscience immédiate, comme un produit ou une fonction d'un autre objet, parce que ce serait reconnaître son moi dans cet autre objet, et par conséquent se reconnaître soi-même comme un autre, ce qui est logiquement contradictoire. Aussi est-ce un fait évident que le fond de notre conscience ou de notre vie consciente est l'opposition ou la contre-position de notre moi et de toutes les autres choses : quand je dis moi ou que je pense à moi, c'est toujours en opposition avec le reste du monde.

Bref, un moi n'existe qu'en se distinguant de tout ce qui n'est pas lui, c'est-à-dire en se reconnaissant comme un objet indépendant des autres, ou absolu. Se reconnaître soi-même, en effet, n'est-ce pas reconnaître une nature ou une vie propre à soi? Or, un objet qui possède une nature propre à soi est un objet absolu; se reconnaître soi-même et se reconnaître comme un objet absolu, c'est donc nécessairement une seule et même chose. Nous n'existons, par conséquent, qu'à la condition de nous apparaître à nous-mêmes comme des objets ou des êtres absolus, et il est, par suite, très naturel que les hommes, même en arrivant à la réflexion, s'attribuent un caractère absolu, au moins dans leur volonté. Un examen attentif des faits nous convainc cependant bien vite que c'est une erreur.

Dire que notre individualité possède un caractère absolu, c'est
dire que nous possédons un contenu qui nous est propre, une nature
propre et qui existe de toute éternité d'une manière invariable.
L'expérience nous apprend, au contraire, que nous avons eu un
commencement dans le temps et que notre moi n'a pas apparu tout
formé dans ce monde, qu'il s'est formé peu à peu, par l'action du
temps et des circonstances, empruntant au dehors tout le contenu
de son être. Si nous étions nés, si nous avions été élevés dans
d'autres conditions, nous serions d'autres individus, d'autres personnes. L'expérience nous apprend en outre que, même à présent et
à chaque instant de notre vie, nous sommes produits par les conditions extérieures. Il suffit, en effet, d'un changement dans l'organisme corporel pour supprimer la vie ou le moi, pour le mettre dans
un état d'aliénation mentale où l'on ne se possède plus, où l'on
devient manifestement comme une machine ou comme un automate
mû par des ressorts extérieurs. Notre personnalité, notre moi, tel
qu'il se présente dans notre état normal, repose donc sur le fait que
tout, dans notre nature et notre vie psychique, est organisé de
manière à prendre l'apparence d'un moi absolu, que tout se passe
en nous *comme si* nous étions des êtres absolus et libres, ne relevant
que de nous-mêmes. Mais nous avons vu que ce n'était là qu'une
apparence, que l'état normal de notre moi est lui-même le produit
de conditions appropriées, puisqu'il suffit d'un changement dans
ces conditions, d'un dérangement dans le cerveau, pour bouleverser
notre moi et l'aliéner à lui-même.

Dans l'état normal même, notre personnalité, l'indépendance de
notre moi n'est donc, au fond, qu'une apparence systématiquement
organisée, ou, en d'autres termes, nous ne sommes que des fantômes. Et, malgré tout cela, nous sommes aussi des personnes réelles
et libres ; nous participons à un caractère absolu. Ce caractère
absolu n'est pas le propre de notre individualité, bien loin de là, mais
nous y participons par notre conscience de l'absolu ; cette conscience
est le fondement de notre liberté et de notre personnalité réelle.

Voici les faits. La possession de soi-même ou l'empire sur soi-
même, et par conséquent la personnalité réelle, tient en premier lieu
à la faculté de penser logiquement. C'est seulement en nous rendant
clairement compte de nous-mêmes, de nos buts et de nos besoins,
d'une part, et du monde où nous vivons, de l'autre, que nous sommes
en mesure de nous déterminer librement, ne relevant que de nous-

mêmes, de notre propre fond. L'aliéné, privé entièrement de la faculté de penser logiquement, est, par cela même, privé de toute liberté et de toute personnalité réelle. On peut donc dire que nous avons d'autant plus de liberté et de réalité que nos notions sont plus justes : la connaissance vraie est le fondement de la liberté. Mais cette connaissance n'est-elle pas elle-même un produit de causes organiques, ou, en général, physiques? Dans sa fonction logique, — non. La pensée logique est déterminée entièrement par une loi d'essence logique, et cette loi est un concept ou une notion de l'absolu, de la nature normale et absolue des choses. On peut donc comprendre comment la pensée logique nous rend libres : elle nous fait participer à un caractère absolu. Si toute pensée a une cause ou un antécédent dans le cerveau, ce n'est toujours que la cause ou la condition de son existence dans le monde physique, non la cause de sa fonction logique. Des causes physiques peuvent produire un dérangement dans la fonction de la pensée, comme le montrent les cas d'aliénation mentale, mais elles ne peuvent pas en déterminer positivement l'exercice normal ou logique. On voit donc que, si notre état normal dépend lui-même de conditions physiques extérieures, ce n'est pas là une dérogation à sa liberté constitutive; car la dépendance par rapport aux conditions extérieures est, pour l'essentiel, toute négative. Les lois logiques, au contraire, sont les lois propres de notre pensée, et sa fonction logique est sa fonction normale; en reconnaissant le vrai, nous sommes donc libres, nous sommes absolus, nous ne relevons d'aucun principe étranger, au moins en ce qui concerne la pensée : la connaissance vraie est, encore une fois, une manière de participer à un caractère absolu. Car c'est la vérité absolue que nous atteignons par là, malgré toutes les apparences qui la déguisent.

Mais, outre la pensée, notre être renferme encore un autre élément : ce qui sent et veut en nous, et c'est de cet élément qu'il s'agit en premier lieu quand il est question de liberté morale. Que signifie la liberté dans la volonté et l'action? Comment et dans quelle mesure est-elle possible?

Ceux qui cherchent l'absolu dans l'individualité elle-même et qui attribuent à l'homme une liberté absolue, tombent dans l'absurdité de concevoir la liberté comme une faculté de vouloir et de se déterminer sans causes ni raisons, c'est-à-dire d'être déterminés par le néant ou le hasard. Car l'individualité, comme telle, n'ayant rien d'absolu, ne possédant point de fond ou de nature vraiment propre, il est impossible, pour l'individu comme tel, de se déterminer de son propre fond ou conformément à sa propre nature, et l'on est réduit à mettre la liberté dans le règne du hasard. Mais, en réalité, il en est de la volonté comme de la pensée : elle n'a pas une nature absolue individuellement, mais elle a une nature absolue ou normale génériquement. Le vrai est la nature normale de la pensée, et le bien est la nature normale de la volonté; en voulant donc et en réalisant le bien, nous sommes libres, nous participons au caractère absolu, nous nous déterminons d'après notre nature vraiment propre, indépendamment de toute influence étrangère. Mais pour vouloir et réaliser le bien, il faut d'abord le connaître; c'est pourquoi la connaissance vraie et la pensée logique sont le fondement de la liberté morale elle-même.

Jusqu'à présent, tout est clair, et ce n'est pas la liberté, à première vue, mais au contraire le manque de liberté qui semble inexplicable. Connaître le bien et le vouloir, cela semble tout un. Comment vouloir, en effet, autre chose que le bien? Comment se fait-il que les hommes, tout en reconnaissant le bien, ne le veuillent pas toujours d'une manière assez énergique pour y conformer leurs actions! La connaissance de la nature véritable des choses nous fournit la réponse. La volonté tend vers le bien naturellement et même indépendamment de toute connaissance; mais cette tendance est faussée à l'origine. La volonté procède, comme nous l'avons vu, d'un état anormal, d'un état de désaccord intime avec soi-même; elle est la tendance d'un être ou d'un objet qui n'existe qu'au moyen d'une apparence, et elle est, en conséquence, déterminée elle-même par des illusions innées qui lui font voir le bien dans la satisfaction de besoins et de penchants égoïstes. En un mot, la volonté est soumise dès l'origine à des lois physiques qui la détournent du vrai bien vers des apparences trompeuses du bien. Cette dépendance par rapport à des lois et des influences physiques constitue donc une hétéronomie (comme l'a appelée Kant), ou une servitude de la volonté, et cette servitude est son état originaire. C'est donc seulement en pénétrant les illusions et les apparences naturelles, en reconnaissant que notre moi individuel est illusoire, que notre vrai moi ou notre nature normale est dans l'absolu, que nous pouvons nous élever à la vraie liberté, participer au caractère absolu.

On voit donc que le suprême épanouissement de la personnalité, sa liberté, sa perfection et même sa réalité sont dans le renoncement et l'abnégation de soi. Une fois reconnue la nature illusoire et anormale du moi individuel, plus nous nous élevons au-dessus de l'individualité, plus nous nous approchons de la réalité vraie ou absolue, de la participation à la nature divine. La connaissance de la nature normale et absolue des choses nous étant donnée uniquement dans la norme ou loi fondamentale de la pensée, c'est donc en vertu de cette loi que nous possédons et la liberté et la réalité vraie, que nous participons au caractère absolu.

Mais, d'un autre côté, nous n'existons que par l'apparence d'un moi individuel absolu, et c'est seulement en tant que tout, dans notre vie intérieure, est organisé conformément à cette apparence, que nous sommes des êtres ou des objets distincts. Pour que nous continuions d'exister comme individus, un compromis avec les conditions de notre existence individuelle est donc nécessaire. La connaissance supérieure ne peut, par conséquent, jamais abolir entièrement les apparences naturelles : nous percevons toujours un monde extérieur composé de corps, quoique nous sachions que ce monde ne se compose en réalité que de nos sensations, et, de même, nous nous apparaissons toujours, dans notre conscience immédiate, comme des êtres ou des objets absolus, quoique nous sachions bien que notre individualité ne possède point de caractère absolu. Mais cet assujettissement à des apparences naturelles ne constitue pas une servitude trop pesante tant qu'elle ne nous empêche pas de reconnaître le vrai et de vouloir et de faire le bien en dépit de nos penchants physiques.

Pour ce qui concerne la pensée et la connaissance, nous avons, pour nous rassurer, le résultat auquel nous sommes parvenus. Malgré toutes les apparences, toutes les tromperies de la nature, nous n'en sommes pas moins arrivés à reconnaître le vrai, à pénétrer les apparences qui le déguisent. Mais la volonté ne peut pas être affranchie aussi facilement, aussi radicalement, des influences physiques qui la détournent du bon chemin, de la voie du bien pur. La volonté, en effet, n'a pas, comme la pensée ou l'intelligence, une existence double, dans la perception immédiate et dans la réflexion, pouvant être assujettie aux illusions naturelles dans la première, et en être affranchie dans la seconde. Pour affranchir la volonté, il faut vaincre des penchants naturels fondés sur une apparence trompeuse, mais innée, du bien; et c'est de la pensée que doit venir l'affran-

chissement, puisque le bien pur, vrai et absolu ne nous est présenté
que par la pensée. Or, la pensée ou la connaissance n'a pas une
puissance absolue ou immédiate sur la volonté. Notre moi n'étant
pas une unité absolue ou réelle, ses éléments constitutifs peuvent
être affectés indépendamment les uns des autres, et il arrive souvent
ainsi que les hommes voient et veulent d'une manière languissante
le bien, mais ne le font pas. Cette impuissance cependant de la
pensée ou de la raison à déterminer la volonté vient essentiellement
du peu de clarté et de certitude de la pensée même, du développement trop imparfait de la raison; mieux éclairés, les hommes sont
aussi plus maîtres d'eux-mêmes. C'est ce qu'on peut présumer en
examinant le principe qui rend possible l'action des causes morales
dans le monde physique, et qui est, par conséquent, le fondement
dynamique de la liberté morale.

Ce principe est la tendance originaire de l'anormal à se nier et à
s'anéantir lui-même, tendance qui entretient le flux et le changement perpétuels des phénomènes. La tendance de l'anormal à
s'anéantir est contre-balancée par une tendance opposée, la tendance
à s'affirmer et à se conserver, mais seulement à la condition que
l'anormal se déguise et prenne l'apparence d'être conforme à la
norme. Cette tendance à s'affirmer et l'apparence sous laquelle elle
s'exerce constituent le fond de la nature physique des choses. Or la
réflexion ou la pensée, une fois parvenue à la connaissance vraie
des choses, dévoile l'apparence et par là paralyse la tendance de
l'anormal à s'affirmer, de telle sorte que la tendance originaire à
s'anéantir lui-même se fait valoir pleinement. C'est pourquoi tout
homme reconnaît comme une obligation intérieure de ne pas faire
le mal qu'il voit clairement, parce qu'il sait que le mal est anormal,
n'a pas le droit d'exister ou de se produire. En fait de liberté et de
perfection morales, tout dépend donc essentiellement de la vue
claire et exacte des choses. Quelque forts que soient les penchants
naturels, ils doivent céder tôt ou tard à la vue claire de ce qui est le
bien, de ce qui est le devoir, et l'on peut affirmer avec certitude que
l'illumination des esprits par la vraie philosophie élèvera l'humanité
à un degré de perfection morale dont on n'a vu jusqu'à présent que
des exemples isolés. Jusqu'à présent les hommes ont toujours vécu
dans une espèce de somnambulisme, assujettis aux apparences
naturelles, ne connaissant clairement ni la nature véritable du monde
physique, ni la norme de la pensée, qui est le soleil du monde moral.

L'élément le plus essentiel de tout progrès moral a donc fait défaut jusqu'à présent, et l'on ne peut par conséquent point juger de ce que seront les hommes dans l'avenir, par ce qu'ils sont à présent ou ont été dans le passé.

De ce qui précède, on voit aussi pourquoi l'action des causes morales dans le monde physique ne produit aucun dérangement de l'ordre physique des choses. On croit communément à la réalité des corps, on tient, par conséquent, l'ordre physique pour absolu, et l'on attribue, en même temps, à l'homme, agissant dans le monde, une liberté absolue, la faculté de se déterminer soi-même et de produire des déterminations en dehors de lui, indépendamment de toute loi, sans se demander comment un agent absolu, non soumis aux lois de la nature et, par conséquent, étranger au monde, peut agir dans ce monde dont l'ordre est absolu et fermé à toute intervention du dehors! Et, ce qui est le comble, comment, tout en entamant l'ordre physique des choses, il n'y cause pourtant aucun dérangement! Cette manière de penser est si incohérente qu'on s'étonne de la voir dominer si longtemps. On n'y échappe, il est vrai, de notre temps, qu'en adoptant l'opinion d'après laquelle l'homme est une simple machine, mue par des ressorts extérieurs et dépourvue de toute espèce de liberté : notre volonté ne produit donc pas le moindre effet dans le monde, car les mouvements que nous croyons faire sont en réalité tout à fait indépendants de notre volonté. Cette opinion est encore plus étrange que la précédente, on peut même la traiter de ridicule; voilà pourtant la sagesse de ce siècle!

En vérité les choses sont constituées tout autrement. L'ordre physique des choses n'est rien moins qu'absolu, puisqu'il repose sur deux tendances opposées et est organisé conformément à une apparence qui est la condition de son existence même. Le sujet connaissant, dont l'intelligence est le siège de l'apparence, est par conséquent un élément constitutif de ce monde, et l'action des causes morales — de la conscience du vrai et du bien, — dans le sujet, et, par son moyen, dans le monde, ne peut causer aucun dérangement de l'ordre du monde, parce qu'elle s'exerce en vertu d'une des forces cosmiques fondamentales.

V. — QU'EST-CE QUE LA RELIGION?

La religion n'est pas une simple théorie; elle est une vie supérieure dont la moralité fait partie intégrante.

Cette définition ne s'accorde guère, sans doute, avec l'opinion
commune; mais c'est que l'on n'a généralement aucune idée claire
de l'essence de la vraie religion. Qu'entend-on, en effet, d'ordinaire
quand on parle d'une religion? Prenez un objet quelconque, attri-
buez-lui une puissance surhumaine et des qualités humaines, telles
que la conscience de soi, la volonté, etc., adressez-lui des prières,
des offrandes et des adorations; voilà une religion toute faite.
L'objet adoré peut être le plus infime et le plus insignifiant du monde,
une pierre ou un morceau de bois; il suffit qu'un sauvage lui prête
une nature consciente et lui adresse des prières, pour que cette pierre
ou ce morceau de bois compte pour un dieu et pour que son culte
prenne place au nombre des religions. En reconnaissant la parenté
d'un culte pareil avec leur propre religion, les hommes civilisés font
évidemment la satire de cette religion elle-même. Mais ils ne peuvent
pas répudier cette parenté, parce que le dieu et la religion du sauvage ne diffèrent pas en nature de leur propre dieu et de leur propre
religion. Qu'on attribue la conscience de soi et les autres qualités
humaines à un objet physique quelconque, que ce soit une pierre ou
le principe général de toute action dans le monde, cet objet physique ne peut jamais répondre à l'idée de Dieu, l'être parfait, et il y
a entre le culte d'un objet physique et la vraie religion tout un abîme.
. On admet ordinairement qu'il y a déjà un abîme qui sépare le
monothéisme du polythéisme; si cependant la différence entre ces
deux doctrines n'est qu'une question d'arithmétique, elle ne peut
pas être d'un grand poids. Que l'on croie en un seul dieu ou en plusieurs, cela importe assez peu tant qu'on attribue à ces dieux une
nature semblable. Si le monothéisme de nos sociétés chrétiennes est
réellement très différent du polythéisme païen, c'est qu'il renferme
des éléments de la vraie religion, greffés sur l'idée d'un dieu semblable à l'homme, bien qu'ils ne s'accordent guère avec cette idée.
En résumé, il faut comprendre qu'il y a deux genres de religions
parfaitement distincts l'un de l'autre et logiquement incompatibles.
Et comme la religion est le rapport de l'homme à Dieu, il y a aussi
deux manières de concevoir Dieu, parfaitement distinctes et incon-

ciliables par essence, mais qui se trouvent mélangées dans la conscience des peuples modernes.

En aucun cas, on ne peut entendre par religion une simple théorie
propre à satisfaire seulement l'intelligence ; une religion correspond
toujours à des besoins, à des aspirations de l'âme, autres que le
simple besoin de connaître et d'expliquer les choses. Mais il y a
aussi deux genres de besoins ou d'aspirations de l'âme, qui sont tout
à fait hétérogènes et qui donnent naissance à deux sortes de religions
très différentes. Le besoin de l'homme naturel est avant tout de se
procurer aide et protection dans les vicissitudes de son existence.
Comme il se voit soumis à l'action de forces et d'agents physiques
bien supérieurs à lui par la puissance, il éprouve le besoin de se
mettre en communication avec ces forces tout en leur prêtant une
nature semblable à la sienne. Dans un article précédent, j'ai déjà fait
remarquer que l'homme, après avoir éprouvé par une expérience
constante la validité des inductions au moyen desquelles il reconnaît
d'autres hommes et des animaux comme des êtres semblables à lui,
est naturellement porté à étendre ce procédé et à prêter une nature
semblable à la sienne à tout ce qui se meut et exerce une action
visible. Rien de plus naturel, en effet, que d'expliquer l'inconnu
en lui assignant des attributs connus, et le besoin de se rassurer,
de se prémunir contre les dangers et les maux de toutes sortes
fait de cette explication une nécessité impérieuse. De là le culte
des forces physiques.

Pour voir ce qu'est alors la religion, il suffit de lire les hymnes du
Rig-Véda qui en sont l'expression la plus naïve et la plus limpide.
Agni (le feu), Indra (le ciel sous son aspect météorologique), Surya
(le soleil), les Maruto (les vents), et d'autres phénomènes physiques,
y sont invoqués avec une familiarité charmante, comme des personnages que l'on connaît intimement et dont on espère gagner aisément les bonnes grâces par des prières et par des offrandes utiles
ou agréables. Ce que l'on demande à ces dieux, c'est la santé, la
richesse et l'exemption de tout mal physique; l'égoïsme le plus pur
s'y manifeste ouvertement, et l'on peut avec raison appeler la religion naturelle la religion de l'égoïsme. Or, c'est là ce qui fait, de
nos jours encore, le fond de la religion : son rôle est de rassurer le
croyant dans ses appréhensions, de le consoler dans ses épreuves et
ses chagrins par la foi en un dieu qui gouverne le monde et, en
même temps, prend soin tout particulièrement de celui qui le prie.

L'idée essentielle que l'on se fait de ce dieu est donc celle d'un créateur du monde qui le gouverne, qui a une nature semblable à celle
de l'homme et qui peut veiller sur lui. Mais on veut, en même temps,
que ce dieu physique et semblable à l'homme corresponde à une
idée toute différente, à celle de l'être parfait, et là est la source d'une
confusion qui empêche ceux qui la commettent de parvenir à la
clarté en matière de religion.

La vraie religion est d'essence purement morale et opposée à tout
égoïsme ; elle est le culte de l'idéal, et son œuvre est d'élever l'homme
au-dessus de sa nature physique et individuelle. Le Dieu de la vraie
religion est la norme ou la nature normale des choses, la source de
toute perfection, et n'a absolument rien de commun avec le principe
agissant de la nature. La vraie religion ne donne aucune satisfaction
à l'égoïsme.

D'ailleurs la croyance en un dieu, telle qu'elle est la plus répandue,
est-elle propre à assurer cette satisfaction? En examinant de plus
près les choses, on voit qu'il n'en est rien. D'abord, il importe
de bien comprendre que le dieu de la religion ordinaire, de la religion égoïste, doit être conçu non seulement comme gouvernant le
monde, mais aussi comme capable d'être influencé par les prières et
les actions des hommes, d'enfreindre, par suite, dans leur intérêt,
les lois de la nature. Seul un dieu qui fait des miracles peut répondre
au besoin dont la religion naturelle est l'expression, au besoin d'être
rassuré et consolé. Si l'on suppose, au contraire, que ce dieu, tout
en ayant conscience de lui-même et de son action, agit exclusivement suivant les lois de la nature, si l'on suppose que l'action de la
nature est son action même, il ne peut satisfaire à aucun besoin de
l'âme humaine. On ne doit, en effet, attendre de lui que ce que l'on
peut attendre de la nature d'après le témoignage de l'expérience, et
nous savons par expérience que la nature est immuable et impla-
cable dans son action, qu'elle ne se laisse toucher ni par le mérite,
ni par la bonté, ni par la beauté, et qu'elle va broyant tout dans sa
marche aveugle. Ses lois fondamentales semblent même n'avoir
aucun rapport à l'existence d'êtres pensants et sensibles; ce sont, en
effet, les lois de la matière qui suivraient leur cours en l'absence de
tout être semblable et qui ne le changent en rien quand il s'en
trouve pris dans leur engrenage. Si c'est là l'action d'un dieu, le
culte qui lui conviendrait le mieux serait la procession dans l'Inde
du char de Jaggernaut; quelle aide, quelle protection pourrait-on

attendre de lui? Par la croyance, au contraire, que notre dieu ne doit pas être identifié tout à fait avec la nature, quoiqu'il la gouverne en dernier ressort, qu'il ne se laisse pas lier par les lois physiques, mais les enfreint pour le bien des hommes, son caractère est humanisé et moralisé, et son culte peut satisfaire au besoin d'être rassuré et consolé, besoin si naturel à l'humanité.

Mais comment croire à un dieu qui fait des miracles! Le cours des événements est-il changé par cette croyance? Hélas! non. Le témoignage de l'expérience, dans tous les temps et dans tous les lieux, est que tout arrive et se produit suivant des lois immuables, inexorables, et tous les hommes pensants l'ont reconnu dès le temps même où les sciences physiques n'existaient pas encore. Pour nous qui connaissons les résultats de ces sciences, qui sommes arrivés à constater le règne de lois invariables dans la nature et l'expérience, il nous faudrait nous aveugler nous-mêmes pour croire à un dieu qui ferait des miracles. Quel homme, jouissant de son bon sens, comptera jamais sur un miracle en sa faveur, ou même en faveur d'un peuple entier? On sait trop que le principe qui agit dans la nature est sourd et aveugle.

Bien plus, du moment où l'on désigne par le mot miracle un événement qui se produit en dehors de toute loi, les miracles doivent être rejetés *a priori*, comme contraires au principe de causalité. Car, de ce que tout changement doit avoir une cause, il suit, comme je l'ai déjà montré, que toutes les causes sont liées avec leurs effets par des lois invariables, et qu'une cause absolue n'est pas possible. Ce ne sont donc pas seulement les miracles qui sont impossibles, c'est l'idée même d'un dieu ou d'un absolu agissant qui est dénuée de vérité et de fondement, c'est la croyance en Dieu en tant qu'elle s'appuie sur la preuve cosmologique et la preuve physico-théologique, ces preuves dont l'inanité a été démontrée déjà par Kant.

Mais il n'y a pas là une erreur théorique seulement; il y a aussi un égarement moral. La nature et l'expérience étant ce que nous savons, croire que Dieu en est le principe c'est entièrement fausser et même renier l'idée de Dieu. On croit qu'il suffit d'attribuer au principe agissant de la nature la conscience de lui-même pour en faire un dieu; mais on en ferait plutôt ainsi un démon. Si la nature aveugle est immorale, combien cette immoralité ne devient-elle pas plus noire et plus condamnable quand on lui attribue la conscience d'elle-même! Il est temps de renoncer à des imaginations aussi

indignes que dénuées de raison et de se demander sérieusement ce
qu'il faut entendre par le mot Dieu.

Tout le monde s'accorde sur ce point que Dieu est l'être absolu.
Voilà un terrain sur lequel une entente générale est possible. Il
faut donc, avant tout, examiner d'où nous vient la notion de l'absolu,
et quel en est le sens précis. Or nous avons constaté que la notion
de l'absolu nous est innée et constitue la loi fondamentale de la
pensée, loi qui seule rend possible la distinction du vrai et du faux
comme celle du bien et du mal. Nous pensons donc, on peut le dire,
par la vertu de Dieu. Mais de là à croire que Dieu lui-même est un
être pensant et ayant conscience de soi, il n'y a aucune voie rationnelle. Bien au contraire; car la conscience de soi n'est possible et
nécessaire que chez un être qui n'existe qu'au moyen d'une illusion
et d'une apparence. Le premier effet de cette illusion est, il est vrai,
de nous faire accroire que l'existence consciente est l'existence la
plus élevée et même la seule véritable existence; mais cela n.ême
paraît bien ridicule quand on songe à ce qu'est cette existence
consciente, cette existence qui repose sur des illusions et qui est
toute remplie d'imperfections et de misères. Non, l'existence absolue
ou divine n'est pas une existence consciente, parce qu'elle est
incomparablement supérieure à cette sorte d'existence. Et, d'une
manière générale, Dieu étant la nature normale des choses ne peut,
pour cette raison, avoir aucune analogie avec la nature physique
d'aucun objet. Depuis longtemps déjà on a reconnu, mais d'une
manière vague, que Dieu est la source du bien et du vrai. Il faut
comprendre qu'il n'est pour nous que cela, qu'il n'a point de qualités
physiques, que son idée n'est le principe de la logique et de la
morale que parce qu'elle exclut toute communauté de Dieu avec les
éléments physiques de la réalité — et l'on possède le fondement de
la vraie religion.

La religion est l'amour de Dieu; or, Dieu étant le bien et le vrai
pur, aimer Dieu n'est rien autre chose qu'aimer le bien et le vrai [1].
Et la raison de cet amour de Dieu, de la perfection, est en ce que
Dieu est la nature vraiment propre des choses, en ce que la perfec-

1. On associe, d'ordinaire, le beau au vrai et au bien, et l'on a raison, parce
que la beauté est comme un reflet du divin dans la nature physique. Cependant
il ne faut pas trop en faire honneur à cette nature, attendu qu'elle possède
aussi peu cette beauté en propre qu'un miroir les images reflétées par lui. La
beauté n'existe que pour l'homme doué de sentiments esthétiques, capable de
poésie. Sans lui, toutes choses restant les mêmes, elle n'existe pas.

tion est leur état normal. Notre état d'imperfection est une anomalie
et une déchéance. Déjà depuis des temps fort reculés, les hommes
en ont une conscience très énergique; les traditions de presque tous
les peuples parlent d'un état de perfection dans lequel l'humanité
aurait vécu à l'origine, d'un paradis ou d'un âge d'or, et elles expliquent l'état présent par une chute subite ou une lente dégénérescence.
A certain égard, ces traditions sont absolument fausses : l'homme n'a
jamais pu se trouver à l'état de perfection et n'a jamais pu, par
conséquent, en déchoir à un moment donné ou dans un intervalle
quelconque; car l'imperfection est inséparable de l'existence consciente qui repose sur des illusions ou des apparences. Mais, d'autre
part, elles expriment la notion très juste que l'état d'imperfection,
que l'assujettissement au mal et à l' ~eur est une anomalie et une
déchéance; seulement l'anomalie n'est pas susceptible d'explication.
La perfection est bien l'état normal des choses, mais il faut comprendre que Dieu représente seul cette nature normale et qu'il n'y a
de perfection absolue qu'en lui.

Cette notion nous montre à nous-mêmes dans une relation beaucoup plus intime avec Dieu que ne l'ont cru les religions du passé.
Quoique séparés de Dieu par l'abîme de l'anomalie que constitue
notre nature physique, nous ne le sentons pas moins comme le fond
de notre être, c'est-à-dire des éléments supérieurs de notre être,
comme notre vrai moi, notre nature vraiment propre ou normale.
C'est pour cela que l'amour de Dieu est l'amour du vrai et du bien,
et que la notion de Dieu est le principe de la pensée logique et de la
conscience morale. Mais, en dehors de la recherche du vrai et du
bien comme éléments divins, l'âme a un sentiment direct de sa
parenté avec Dieu et une tendance à s'unir à lui comme à sa
véritable source ou à sa racine. C'est ce sentiment et cette tendance
qui constituent la religion en tant qu'elle se distingue de la philosophie et de la moralité.

La religion, la moralité et la philosophie ne sont que trois faces
différentes d'un même fait ou trait de notre nature supérieure.
Néanmoins elles ont pu se développer jusqu'à un certain point indépendamment les unes des autres, et notamment la religion et la
moralité se sont constituées indépendamment de la philosophie.
Reposant sur le sentiment intime et la conscience intuitive de Dieu
comme bien pur et norme des choses, la religion et la moralité ont
atteint chez quelques hommes un degré remarquable de pureté et

d'élévation, en l'absence de toute croyance réfléchie certaine, ou même associées à des théories fausses. Mais c'est là un privilège des âmes d'élite. Pour le commun des hommes, une fausse philosophie entraîne, comme conséquence nécessaire, une religion dénaturée et une moralité imparfaite. Le sentiment de la parenté de l'homme avec Dieu s'est ordinairement traduit par la croyance en un Dieu-homme, en une incarnation de Dieu, et nos sociétés européennes vivent encore pour la plupart sous le prestige d'une croyance de ce genre. Jésus était un de ces hommes rares, auxquels j'ai fait allusion plus haut, qui ont possédé dans toute sa pureté le sentiment moral et religieux ; il a appris aux hommes à voir en Dieu leur Père, c'est-à-dire à sentir avec Dieu comme source de notre nature supérieure leur parenté [1]. Mais les hommes ont perverti l'enseignement de Jésus au point de faire de lui-même un objet de leur culte, de croire qu'il était Dieu lui-même ou le fils de Dieu incarné. Si Jésus pouvait le savoir, il serait assurément lui-même le plus attristé de cette perversion de sa religion. Notre nature supérieure, logique et morale, voilà le Verbe ou le fils de Dieu fait homme, et la norme ou loi fondamentale de notre pensée est « cette lumière qui éclaire tout homme venant en ce monde », dont parle Jean dans son Évangile, parce que c'est à elle que les hommes sont redevables de leur capacité morale et logique. Si, jusqu'à présent, cette lumière n'a éclairé les hommes que fort imparfaitement, c'est qu'on n'en avait aucune conscience distincte. Mais quand on connaît clairement la norme de la pensée, on voit bien qu'elle est le soleil du monde spirituel, puisqu'elle est le principe de la distinction du vrai et du faux, comme du bien et du mal. La notion que l'identité avec soi-même est le caractère propre de la nature normale et absolue des choses est la notion la plus élevée qu'un être pensant puisse atteindre ; elle est la seule vérité éternelle, la seule dont on puisse dire : « Le ciel et la terre passeront, mais cette vérité ne passera point. » Le monde physique n'existe qu'en se conformant, au moins en apparence, à cette norme, et quant à nous, c'est en vertu de cette norme que nous avons, comme je l'ai montré plus haut, notre part de liberté et de personnalité réelles.

Une vertu si transcendante n'appartient à la norme de notre pensée que parce qu'elle est la seule révélation précise de la nature

---

1. « Soyez parfaits comme votre Père aux cieux est parfait. »

divine en ce monde. Toutefois, bien qu'elle exprime la nature divine ou normale en général, elle ne contient aucune indication de l'unité de Dieu; cette unité ne peut être qu'inférée des faits de l'expérience. L'individualité de tous les objets physiques reposant sur une illusion ou une apparence, il s'ensuit que l'individualité, et aussi, par conséquent, la multiplicité des objets physiques sont étrangères à la nature normale et absolue des choses, que la nature normale et absolue des choses est donc une unité, en d'autres termes, qu'il n'y a qu'une substance réelle, un absolu, un Dieu. La nature de l'absolu ou de Dieu étant parfaitement identique à elle-même et excluant, par suite, toute diversité, la multiplicité et la nature physique des choses ne peuvent pas en être déduites. La multiplicité des objets de l'expérience est, de même que leur nature physique, un problème insoluble. Le monde physique est une énigme dont on ne pourra jamais trouver le mot. Ne pas le reconnaître c'est, comme je l'ai déjà fait voir, s'exposer à une infinité de confusions et d'erreurs.

Mais la simplicité de Dieu ne sera-t-elle pas elle-même un scandale pour les esprits peu réfléchis? Les hommes ne sont-ils pas à mille lieues de comprendre que le simple seul est divin, et que le divin est simple? On est, au contraire, tout naturellement porté à croire que ce qui est simple ne possède qu'un minimum de réalité. A cela, il n'y a qu'une réponse : nous n'avons aucune connaissance concrète ou intuitive de l'être simple; notre notion que le caractère propre de Dieu ou de l'absolu est l'identité avec soi-même, est une pure abstraction qui resterait tout à fait vide si nous ne lui donnions un contenu emprunté à notre nature telle que nous la connaissons. Nous constatons que l'identité avec soi-même est le propre du bien et du vrai, comme le désaccord avec soi-même est le propre du mal et du faux en général, de l'imperfection ou de l'anomalie. Par là, nous savons que Dieu ou l'absolu est le vrai et le bien dans leur pureté, la source de toute vérité et de toute bonté, de toute perfection en un mot. Et nous devons présumer que le vrai et le bien ne sont pas distincts l'un de l'autre en Dieu, dont la nature exclut toute diversité. La dualité du vrai et du bien résulte chez nous de ce que notre être, reposant sur une illusion ou une apparence, se compose nécessairement de deux parties différentes, l'une qui pense et qui connaît, l'autre qui sent et qui veut, en d'autres termes, le sujet et l'objet du moi. Or, cette dualité ne peut pas se rencontrer au sein

do Dieu, ni, par conséquent, la différence du bien et du vrai. Il faut
donc comprendre que nous connaissons seulement une ombre de
Dieu, mais comme cette ombre suffit pour nous faire vivre .et pro-
gresser, on voit combien il serait téméraire et déraisonnable d'appli-
quer à Dieu la mesure des choses physiques.

C'est ici que la religion vient en aide à la philosophie. Notre intelligence ne peut appréhender Dieu que d'une manière toute abstraite,
dans le concept de la nature divine ou normale de notre pensée;
l'intuition de Dieu ne nous est pas possible. Mais nous possédons en
outre le sentiment de notre affinité avec Dieu, comme avec notre
nature vraiment propre ou normale, et ce sentiment, qui constitue
l'essence de la religion, nous met dans un rapport plus intime avec
Dieu que l'intelligence ne pourrait le faire. Aussi voyons-nous que
le sentiment a révélé Dieu aux hommes, du moins à quelques
hommes, quand leur intelligence égarée le cherchait encore dans
une personnification de la puissance physique. Mais ces hommes
n'étaient que des exceptions, et, même dans ces âmes privilégiées, les
erreurs de l'intelligence n'ont pas laissé que de porter préjudice à
la religion. La vraie religion ne pourra s'établir d'une manière sûre,
permanente et universelle, que par la vraie philosophie, qui crée
l'harmonie du sentiment et de l'intelligence, de la religion et de la
science, et, par cela même, établit les fondements éternels de la vie
de l'esprit.

VI. — REMARQUES SUR L'ORIGINE ET LA FIN DES CHOSES.

Aucun temps n'a montré plus de curiosité que le nôtre pour la
recherche des origines. Mais comme on se pique aujourd'hui de
suivre en tout des méthodes scientifiques, ce n'est pas l'origine de
l'univers tout entier qu'on essaie de découvrir ou d'expliquer, c'est
seulement celle de notre système solaire et surtout de quelques phénomènes particulièrement remarquables qui s'y produisent, tels que la
vie organique et la vie sensible ou animale. Mais alors même que l'on
parviendrait à expliquer la formation du système solaire, on n'aurait
pas encore touché à l'origine des choses en général, et c'est sur
cette origine que l'esprit humain ne peut s'empêcher de s'interroger.
Or, en approfondissant ce sujet, on constate que sur la question des
origines plane une obscurité absolue, non pas seulement en ce sens

vulgaire que les origines sont soustraites à notre connaissance, mais
en un sens encore bien plus rare, à savoir que, dans ce problème,
l'esprit se heurte à deux impossibilités de penser qui sont opposées
l'une à l'autre. Pour employer un terme déjà familier : il existe, au
sujet de la question des origines, une antinomie insoluble.

Expliquons cependant ce que c'est qu'une antinomie et en quoi
elle diffère d'une contradiction logique.

Quand deux affirmations s'excluent mutuellement, ou quand une
affirmation est opposée à sa négation, il y a entre les deux propositions une contradiction logique. Mais, dans certains cas, ce ne sont
pas deux affirmations, ou une affirmation et une négation, mais
deux négations qui s'excluent mutuellement, et c'est là ce qui constitue une antinomie. Kant, qui a le premier exposé la doctrine des
antinomies, n'en a pas bien compris ce caractère distinctif. Pour
lui, l'antinomie consistait en une thèse et une antithèse; il croyait,
par conséquent, qu'elle renfermait un terme positif. Mais c'est une
erreur; il n'y a point de thèse, il n'y a point de terme positif dans
une antinomie, mais seulement deux négations, deux antithèses
opposées l'une à l'autre : l'opposition d'une thèse et d'une antithèse
est une contradiction logique ordinaire.

Il y a encore une autre différence, qui doit être signalée, entre
l'antinomie et la simple contradiction logique. Celle-ci ne peut
jamais se rencontrer dans la réalité, mais seulement dans la pensée,
ou dans l'idée qu'on se fait de la réalité, et les deux termes de la
contradiction logique ne peuvent, par conséquent, jamais être tous
les deux vrais à la fois. Au contraire, une antinomie ne pourrait
jamais venir à l'esprit de personne, si elle n'avait pas un fondement
dans la nature des choses, et les deux termes d'une antinomie sont,
pour cette raison, tous deux vrais en un certain sens.

Pour le but que nous nous proposons ici, il nous suffira de dire
qu'il n'y a que deux antinomies véritables[1], et qui sont nécessairement liées ensemble : l'une concerne la série des changements et
l'autre la série de leurs causes[2].

---

[1]. Au fond il n'y a qu'une seule antinomie, et elle a son fondement dans la
nature du changement; mais elle peut être considérée par rapport à la simple
succession et par rapport à la causalité des phénomènes.

[2]. Aussi est-ce par suite d'une méprise que Kant a compté parmi les antinomies la contradiction logique renfermée dans le concept des corps, notamment
dans leur continuité et leur divisibilité. Si l'on s'en tient uniquement à la
forme, il y a là une antinomie en effet : l'impossibilité de penser la divisibilité

Première antinomie.

Première antithèse. — Il est impossible de penser un premier changement ou un premier commencement ; car un premier commencement serait l'origine du *devenir* lui-même, tandis que tout commencement et tout changement présuppose le *devenir* comme forme de
la réalité ou comme manière d'être des choses. Le premier commencement serait un commencement absolu, la naissance de tout ce qui
est, sortant du néant. Or il nous est impossible de penser un commencement absolu, parce que l'idée d'absolu et celle de commencement ou de changement sont, suivant la loi fondamentale de notre
pensée, absolument incompatibles l'une avec l'autre.

Deuxième antithèse. — Il est impossible de penser qu'une série
infinie de changements se soit écoulée jusqu'au moment présent,
parce que l'infini ne peut pas avoir de fin.

Deuxième antinomie.

Première antithèse. — Il est impossible de penser une cause première absolue de changements, parce que du principe de causalité,
qui est la seule raison de chercher et d'exiger des causes de changements, il résulte que la cause d'un changement ne peut être qu'un
changement qui le précède. Car si tout changement est l'effet d'une
cause, il ne peut y avoir un effet nouveau sans une cause nouvelle.
Or, la cause de tout changement étant elle-même un changement,
exige, à son tour, une cause qui est un changement précédent, et
ainsi de suite à l'infini.

Deuxième antithèse. — Il est impossible de penser une série infinie
de causes, parce que cette série ne procéderait de rien, et les causes

des corps soit comme finie, soit comme infinie. Mais du moment où le monde
des corps n'est qu'une apparence, ce n'est pas dans cette apparence, mais dans
la nature des choses qui la produit qu'il faut chercher l'antinomie véritable, et
cette antinomie concerne, non la divisibilité des corps, mais l'existence même
d'une apparence, ou du faux, qui est une anomalie. L'antinomie, ou plutôt
la double contradiction logique renfermée dans l'extension et la continuité des
corps, dans leur propriété de remplir un espace, vient évidemment de ce que
les corps ne sont que nos sensations, et de ce que le fait d'avoir une extension
et une continuité est incompatible avec la nature d'une substance ou d'un
objet absolu. Si l'on croit que la divisibilité de la matière n'est pas infinie, on
a la conception logiquement contradictoire d'objets composés, mais composés
de rien; car des éléments simples ne peuvent pas avoir une étendue. Il est
donc clair qu'on a affaire ici, non à une réalité, mais à une simple apparence.

qui la composeraient ne pourraient dériver do nulle part leur puissance de produire des effets, puissance qu'elles se transmettent des
unes aux autres. Le principe que tout changement doit avoir une
cause veut dire que tout changement exige une explication; mais si
la série des causes doit être prolongée dans un passé infini, cela
veut dire que l'explication des changements se dérobe à l'infini, et
prouve ainsi son inanité.

Ce qu'il faut surtout bien remarquer, c'est que cette dernière antithèse n'implique aucun élément positif, n'implique pas le moindre
droit de supposer une cause première et absolue des changements :
elle n'a qu'un sens purement négatif. La supposition d'une cause
absolue est en contradiction directe avec le principe de causalité, et
se détruit par conséquent elle-même. De plus, supposer que l'absolu
soit la cause de changements et d'autres effets physiques, c'est complètement fausser le concept ou la notion de l'absolu lui-même, et
comme la notion de l'absolu est le principe de la pensée logique et
de la conscience morale, cette supposition aurait pour conséquence
la désorganisation totale de la pensée : la logique, la morale, la religion en seraient toutes également dénaturées. Mais, en fait, l'absolu
n'est nullement impliqué dans l'antinomie. Bien au contraire : s'il y
avait la moindre raison de croire que les changements puissent être
dérivés de l'absolu, ou être causés par lui, il n'y aurait plus d'antinomie à leur égard. L'antinomie contenue dans l'essence du changement a sa raison, précisément, en ce que le changement, étant le
symptôme d'une existence en désaccord ou en contradiction intime
avec elle-même, est quelque chose d'anormal, d'étranger à la nature
normale et absolue des choses. De là suit également et que tout
changement doit avoir une cause, et que l'absolu ne peut jamais
être la cause des changements, ou, en d'autres termes, qu'on ne
peut penser une cause première et absolue des changements [1]. L'antinomie renfermée dans l'essence du changement consiste donc en

1. La méprise de Kant, qui composait l'antinomie d'une thèse et d'une antithèse, faisant entrer ainsi l'idée de l'absolu elle-même dans l'antinomie, a
donné lieu à la « Dialectique », ou à la « Méthode » de Hégel, c'est-à-dire à sa
manière de faire passer toutes choses par thèse, antithèse et synthèse, tandis
que la méprise de Kant procédait elle-même de sa supposition que nos représentations n'ont point d'objets qui diffèrent de ces représentations. On voit
ici, par un exemple curieux, comment les erreurs s'engendrent les unes les
autres. Du reste, il est fort probable que Hégel, en niant le principe de contradiction et en érigeant l'absurdité en principe de la pensée, ne faisait que se
moquer de son public.

ce que le changement exige une explication et, en même temps,
n'est susceptible d'aucune explication. Tout changement *en particulier* a sa cause et peut être expliqué par elle; mais le fait qu'il y a
en général des changements n'a pas de cause et n'est pas capable
d'explication, la série des causes se dérobant à l'infini. Le *devenir*
doit être conçu comme une manière d'être des choses, qui se per-
pétue par sa propre impulsion, mais dont il est impossible de comprendre la raison et l'existence.

Le changement étant le symptôme d'une existence anormale, on
peut, par le fait du changement, voir avec clarté que tout ce qui est
anormal, étranger à la nature normale et absolue des choses, surtout le mal et l'erreur, renferme nécessairement une antinomie, en
d'autres termes, exige une explication et, en même temps, ne peut
en recevoir aucune. Et c'est là le sens dans lequel les deux termes
de l'antinomie sont vrais tous les deux à la fois. Ce qui appartient à
la nature normale et absolue des choses n'a point de conditions et
n'exige point d'explications; au contraire, ce qui est étranger à la
nature normale et absolue des choses est soumis à des conditions
et a besoin d'être expliqué, mais ne peut, en même temps, être
expliqué, parce qu'on ne peut pas le dériver de l'absolu qui est
cependant la seule réalité dont on puisse songer à dériver quelque
chose. L'existence de l'anormal pose donc un problème insoluble.
Le mal, l'erreur et le monde physique lui-même, qui est conditionné
par une apparence fausse et qui est rempli de maux, sont quelque
chose d'anormal et, à ce titre, ne sont pas susceptibles d'explication.
C'est pourquoi s'étend sur toutes les origines une antinomie, et il
est tout aussi impossible de penser un premier commencement des
choses que l'absence d'un premier commencement, ou une éternité
qui se serait écoulée jusqu'au jour présent.

Si l'on prend le monde comme il se présente dans notre expérience
ordinaire, c'est-à-dire comme un monde de substances (de corps),
qui sont par leur nature en dehors du temps et ne peuvent ni naître ni
périr, il faut admettre que le monde est éternel dans ce qui le constitue, et que c'est seulement le *devenir* en lui, c'est-à-dire les mouvements et les combinaisons des corps, qui a besoin d'explication,
et, ici encore, aucune explication n'est possible. Supposer que les
corps se trouvent de toute éternité en mouvement bien que le mouvement ne soit pas fondé dans leur nature, puisqu'ils sont de leur
nature inertes, c'est évidemment éluder l'explication. On le voit sur-

tout, et d'une manière non équivoque, quand il s'agit d'expliquer des phénomènes tels que la vie organique, et, bien plus encore, la vie consciente, par un mouvement des corps qui leur est, en soi, tout accidentel. Mais il a été suffisamment démontré dans les articles précédents que les corps ne sont qu'une apparence. Le monde connu ne peut pas exister sans des sujets connaissants, et ceux-ci, par conséquent, sont contemporains du monde. Or, il est tout aussi impossible de penser la naissance d'un premier sujet qu'une infinité de sujets se succédant jusqu'au temps actuel les uns aux autres. L'expérience nous permet, il est vrai, de constater une évolution ou une progression dans la série des sujets connaissants, depuis l'animal le plus simple jusqu'à l'homme, qui semble avoir apparu plus tard que les autres espèces animales; et cela paraît indiquer un commencement de toute la série des sujets, au moins en ce qui concerne ceux que nous trouvons dans notre expérience. Mais il n'en reste pas moins l'impossibilité de penser l'apparition du premier sujet, commençant la série dont nous sommes les derniers termes. L'antinomie demeure, à tous les points de vue, insoluble.

Et comme du commencement, en est-il aussi de la fin des choses. Il n'y a point de contradiction logique immédiate dans la pensée que le monde et la vie, existant maintenant, puissent continuer d'exister sans fin; quand on songe, toutefois, que tout individu vivant périt infailliblement, que la vie ne persiste que par la succession ininterrompue des individus, enfin qu'il est dans la nature de tout ce qui est anormal de disparaître, puisqu'il renferme la tendance à son propre anéantissement, — il faut bien admettre la possibilité que cette réalité anormale, notre monde, périra une fois entièrement et définitivement. Cette possibilité cependant d'une fin absolue transgresse, elle aussi, la puissance de notre conception.

En somme, il règne une obscurité absolue touchant l'origine et la fin des choses : sur ce sujet, on ne peut rien affirmer ni rien nier. La réalité physique étant anormale est inexplicable, et c'est ce qui se manifeste à nous par les antinomies insolubles auxquelles elle donne naissance. Mais nous pouvons nous en consoler en songeant que nous ne sommes pas nous-mêmes entièrement absorbés dans cette anomalie et cette antinomie, que nous possédons une norme supérieure qui nous met en mesure de reconnaître les anomalies et

les antinomies, norme qui est le concept même de l'absolu et le gage
de notre participation à la nature de l'absolu. Si une partie de nous,
la partie physique, vient d'en bas, l'autre partie, notre nature
morale, vient d'en haut et prouve notre communauté de nature
avec Dieu, l'être absolu et parfait vers lequel nous tendons comme
vers notre vrai moi. Cette participation à la nature divine nous
garantit une éternité ou une immortalité véritable, celle de l'élément divin en nous, quoi qu'il puisse advenir du monde de
l'apparence.

VII

DE L'IMMORTALITÉ DE L'AME

Les hommes ont toujours eu le sentiment que leur existence n'est pas un pur accident passager, mais qu'elle a une destination éternelle. Ce sentiment est le fond vital de toutes les religions qui méritent ce nom. Mais que s'est-il passé le plus souvent? Ce sentiment s'est associé à l'instinct animal de la conservation de soi, et de ce mélange hétéroclite est née la croyance à une immortalité du moi conscient, croyance chère à une multitude d'hommes. Je reconnais volontiers que cette croyance a fait beaucoup de bien, qu'elle a guéri bien des blessures et consolé bien des tristesses; mais elle a le tort irréparable d'être fausse et, de plus, logiquement incompatible avec la vraie moralité, l'amour désintéressé du bien et du vrai, et par conséquent avec les vraies voies de l'immortalité.

La croyance à l'immortalité individuelle est la suprême exaltation de l'égoïsme; elle est donc naturellement opposée à la moralité et ne peut y être rattachée que par des voies détournées. Aux yeux de celui qui croit à son immortalité individuelle, rien ne peut primer le soin de son propre salut éternel. Pour lui, l'essentiel n'est donc pas de faire le bien ni de rechercher le vrai, mais uniquement de se rendre agréable au maître tout-puissant qui distribue les récompenses et les peines éternelles; ce qui implique la possibilité de croire qu'on peut faire son salut éternel par d'autres moyens que par la pratique du bien et la recherche désintéressée de la vérité. Aussi cette croyance a-t-elle produit une somme de mal incalculable, car c'est elle qui a déchaîné toutes les persécutions et toutes les guerres religieuses, et de nos jours encore elle envenime les dissensions et les haines confessionnelles, haines si contraires à la charité et à la vraie moralité.

9

Mais si la croyance à l'immortalité individuelle doit être rejetée, on se demande en quoi consiste la vraie immortalité. Ce sujet mérite bien d'être étudié, car la question la plus importante pour tout homme qui ne vit pas à la façon de l'animal est de savoir comment il peut participer à l'éternité. Pour résoudre ce problème, il faut arriver à connaître le fond même de la nature humaine, et cette connaissance a fait défaut jusqu'à présent. Bien des penseurs ont remarqué le mélange étonnant de grandeur et de bassesse que présente la nature humaine, mais personne n'a montré clairement en quoi consiste la grandeur de l'homme ni ce qui fait sa misère fondamentale.

Le malheur fondamental de l'homme ne vient pas de ce qu'il est sujet à des souffrances de toute espèce, mais de ce qu'il est vide par essence, dépourvu de nature propre, en d'autres termes, de ce qu'il n'est pas un être ou un objet réel, mais un simple fantôme, dont l'existence même repose sur une illusion ou une apparence. Tout ce dont l'homme cherche à remplir sa vie n'est qu'une fantasmagorie planant au-dessus d'un abîme et disparaissant au bout d'un temps fort court. L'illusion à laquelle nous devons notre existence nous dérobe la vue de cet abîme, mais il se fait sentir dès que l'esprit n'est pas absorbé par les mirages de la vie. De nos jours surtout, le sentiment de ce vide ou néant intérieur est répandu plus que jamais et constitue ce qu'on appelle le pessimisme moderne. Aux pessimistes, la vie paraît dépourvue de sens et de valeur.

Ne nous laissons pas décourager par le triste aspect des choses, tâchons de mesurer la profondeur de notre néant, et pour cela, commençons par démontrer que nous ne sommes pas des êtres réels, mais de simples phénomènes, et partant des fantômes.

Un être réel est un être absolu, c'est-à-dire possédant une nature qui lui est propre et pouvant être identifié avec lui-même. Un tel être est seul un vrai *moi*, seul il se possède véritablement. Nous autres, hommes, nous ne sommes des objets distincts que parce que nous nous apparaissons à nous-mêmes comme des objets absolus, possédant une individualité indépendante, une nature qui nous appartient, et que tout, dans notre vie intérieure, est organisé conformément à cette apparence. Mais ce n'est là qu'une apparence, et notre moi est, de son essence, illusoire. Comme individus, nous sommes nés et nous nous sommes développés en vertu de causes ou de conditions extérieures; nous ne sommes donc en réalité que ce que les conditions extérieures nous ont faits. Bref, nous sommes des produits, et notre moi absolu est par conséquent une apparence ou un fantôme. Une seule preuve suffira pour établir cette vérité d'une manière indubitable. Notre moi repose entièrement sur la mémoire, c'est-à-dire sur quelque chose qui est acquis, venu du dehors. Nous ne sommes quelque chose que par le souvenir de ce que nous avons été et de ce que nous avons acquis dans le passé. Otez à un homme toute mémoire du passé et toute connaissance des choses, et vous l'anéantissez. Il pourra encore sentir d'une manière confuse, mais il ne sera plus qu'un embryon d'être, et, pour devenir quelque chose, il devra se refaire à nouveau, se développer en un moi nouveau.

Le mode d'existence de notre moi est conforme à sa nature. Un être réel, possédant une nature qui lui est propre, ne peut avoir ni commencement ni fin dans le temps et reste toujours identiquement le même ; par son essence, il est en dehors du temps. Un simple phénomène, au contraire, a toujours son origine dans le temps, et ne paraît durer qu'en se reproduisant sans cesse de nouveau comme la flamme d'une bougie. Or, c'est là notre manière d'être. En effet, nous n'existons que par la conscience que nous avons de nous-mêmes. Aussi personne ne veut-il se voir ou se reconnaître lui-même dans quelque chose d'inconscient, et c'est même là, comme nous le verrons plus loin, le grand obstacle à la compréhension de la véritable immortalité. Or, la conscience de soi est une fonction qui ne dure qu'en s'exerçant ou en se reproduisant sans cesse.

Notre manière d'être est donc semblable à celle d'une flamme ; c'est la manière d'être d'un phénomène ; et quand un phénomène apparaît comme un objet réel ou absolu, il est un fantôme.

Voilà donc notre cas. En naissant à la réflexion, nous nous trouvons au fond d'un abîme, nous constatons que notre existence tient à une illusion et s'achemine vers un prochain anéantissement. Quelle est donc la voie et quels sont les moyens du salut ?

A première vue, il semble qu'il n'y en ait point, et qu'on doive ou se tuer ou se réconcilier avec l'idée de son néant, et dire avec les épicuriens : « Mangeons et buvons, car demain nous ne serons plus. » Cependant, le fait même que nous reconnaissons notre néant est propre à nous rassurer, car il prouve que nous possédons quelque chose qui nous élève au-dessus de ce néant. En effet, nous possédons la notion de l'absolu, notion qui est la foi fondamentale de la pensée, et qui nous donne la certitude que l'absolu ou Dieu existe et qu'il est

la nature normale des choses, par conséquent que nous sommes
apparentés à Dieu par le côté supérieur de notre être. Nous avons
aussi le sentiment intime et immédiat de notre parenté avec Dieu,
et c'est ce sentiment qui est la base de la religion. Cette certitude
nous indique d'une manière positive la voie du salut. Pour se soustraire au néant et s'assurer l'immortalité, pour participer à l'existence absolue et éternelle, il faut renoncer à soi-même, c'est-à-dire
à son moi conscient, qui est vide et illusoire, et s'identifier avec
notre vrai moi, avec la nature normale des choses, qui est le divin
et l'éternel, en vouant sa vie au culte du bien et du vrai.

La voie du salut a déjà été enseignée aux hommes, surtout par ces
deux grands précepteurs de l'humanité, le Bouddha et le Christ. Mais
l'enseignement même de ces deux maîtres est vicié par des erreurs,
et notamment la doctrine du Christ est viciée par la croyance à l'immortalité du moi conscient, croyance qui est en flagrante contradiction logique avec la voie même du salut : le renoncement à soi-
même, à son individualité consciente. Pauvres somnambules que les
hommes qui cherchent à se sauver de leur néant et ne trouvent point
d'autre moyen que de croire à la continuation de cette vie d'illusion
pendant toute l'éternité! Ils se la représentent, il est vrai, comme
une éternité bienheureuse, mais ils n'y croient pas en réalité; ils
s'efforcent seulement d'y croire, et n'y réussissent point. Car, que
voyons-nous en fait? Les hommes qui se promettent, après la mort,
une vie éternelle et bienheureuse n'en éprouvent pas moins une
répugnance extrême à mourir; la mort les terrifie et les afflige, et
rien n'est plus triste que l'office des morts dans nos églises. Aussi la
croyance des hommes à leur immortalité n'a-t-elle que peu d'influence
régénératrice sur leur vie actuelle. Les hommes passent leur vie ici-
bas dans le culte d'intérêts mesquins et la recherche de choses périssables, et avec cela ils prétendent perpétuer pendant toute l'éternité
leur moi si peu digne d'elle!

Non, il faut reconnaître franchement que notre moi conscient n'est
pas fait pour l'éternité. Premièrement, il ne contient rien qui puisse
être conservé, puisqu'il ne possède pas de nature qui lui soit propre.
Conserver notre moi conscient, c'est conserver notre mémoire du
passé et comment une mémoire pourrait-elle emmagasiner l'éternité? En second lieu, notre moi conscient, n'étant qu'un phénomène,
n'existe qu'en se reproduisant sans cesse de nouveau comme une
flamme. Or, croire qu'une existence de cette espèce puisse participer

à l'éternité serait aussi absurde que de croire qu'une plante puisse participer à la vie humaine. Enfin, ce qui est le point de vue le plus essentiel, la vie consciente est une vie qui repose sur une illusion ou une apparence; une vie qui, à chaque instant, est dépendante de conditions extérieures, et par conséquent sujette à toutes les misères que comporte cette dépendance. Donc, désirer une immortalité consciente, c'est vouloir conserver à l'infini le néant et la misère même dont on veut s'affranchir. La vie vraiment réelle et éternelle n'est pas une succession infinie d'états intérieurs dans le temps, mais une existence indépendante du temps et de la succession, et par conséquent incompatible avec la conscience de soi; car cette fonction n'est possible que dans le temps, et présuppose nécessairement un changement continuel d'états intérieurs.

« Mais une vie sans conscience n'est pas la vie, dira-t-on; c'est l'équivalent de la mort. Une immortalité non consciente est pour nous comme si elle n'était pas. »

Nous sommes ici devant l'illusion naturelle et fondamentale qu'il faut pénétrer et dévoiler pour arriver à la notion de la vie vraiment réelle et éternelle.

Il nous semble que l'existence consciente est la seule existence vraie, qu'un être qui n'a pas conscience de lui-même ne se possède pas lui-même, et, par conséquent, est comme s'il n'était pas. Mais pourquoi cela nous semble-t-il ainsi? Précisément parce que nous ne sommes pas des objets concrets ou réels, parce que nous ne possédons pas de nature individuelle qui nous soit vraiment propre, nous n'existons que par la conscience du moi, qui est au fond purement idéal, qui est une simple idée ou apparence d'un objet réel, indivisible et permanent. C'est parce qu'il n'y a en nous, comme individus, rien de vrai ou de vraiment réel, que la conscience de soi nous paraît être la chose essentielle. C'est donc précisément la nature illusoire de la vie consciente qui nous la fait paraître comme la seule vie réelle. Un être absolu ou vraiment réel, c'est-à-dire possédant une nature vraiment propre à lui, se possède de par sa nature même, et n'a pas besoin de se tenir encore dans l'idée ou dans la conscience; il est en réalité ce que nous ne sommes qu'en idée ou en apparence : un moi. L'existence absolue est donc aussi supérieure à l'existence consciente que la réalité l'est à l'apparence. Aussi ne pouvons-nous participer à l'existence réelle et éternelle, à la vraie possession de nous-mêmes, qu'en renonçant à nous-mêmes, à notre moi conscient, qui est illusoire et voué nécessairement à l'anéantissement. Ce n'est pas notre moi empirique tout entier, avec ses anomalies, ses défauts et ses misères, mais seulement la meilleure partie de nous-mêmes qui peut survivre éternellement, et c'est à édifier cette meilleure partie et à nous réfugier de plus en plus en elle, que nous devons consacrer tous nos efforts. Notre vrai moi est à l'abri du néant.

Nous ne pouvons, il est vrai, nous faire aucune idée de cette existence supra-consciente, si l'on peut s'exprimer ainsi, mais nous n'en avons pas moins la certitude parfaite. C'est un fait qui a ses analogues dans notre expérience. Il est probablement arrivé à chacun de nous de rencontrer des choses ou des faits dont il ne soupçonnait pas même la possibilité avant cette rencontre, et qui n'en étaient pas moins réels. Un aveugle-né ne peut se faire aucune idée de la lumière et des couleurs, et pourtant la lumière et les couleurs existent, et l'aveugle peut lui-même en acquérir la certitude par le témoignage des autres hommes. Ainsi en est-il de l'existence réelle ou absolue, dont nous n'avons aucune idée concrète, mais seulement un concept abstrait, et qui n'en est pas moins certaine pour nous. Posséder l'idée de l'absolu, du divin et de l'éternel, nous est déjà un gage sûr d'éternité ou d'immortalité; l'enthousiasme et la pratique du bien, du renoncement à soi-même et de la charité, rend la participation à l'existence éternelle plus vivante, et la certitude de cette existence plus complète. Aussi l'homme de bien est-il sûr de son immortalité : il la goûte dès à présent.

En théorie, la plupart des hommes sont incapables de comprendre le renoncement à soi-même; ils ne peuvent pas surmonter l'égoïsme naturel, fondé sur l'illusion ou l'apparence d'un moi absolu en eux, et il leur semble que ce qui n'est pas gagné pour ce moi conscient n'est pas du tout un gain. C'est pourquoi, dans leurs heures de réflexion, ils désirent une immortalité consciente et s'efforcent d'y croire. Mais heureusement les hommes sont capables, dans la pratique, de bien des choses dont ils ne comprennent pas la théorie. Un acrobate ne peut pas justifier mathématiquement les mouvements qu'il fait pour se tenir en équilibre sur sa corde, ni un bon joueur de billard ne peut donner une démonstration scientifique des coups qu'il fait; mais cela ne les empêche pas de réussir l'un et l'autre. Et il en est de même dans notre cas. En théorie, les hommes sont pour la plupart incapables de comprendre le renoncement à soi-même, mais dans la pratique de la vie ce renoncement n'est pas un fait très

rare. Voyez ce pauvre soldat qui tombe blessé à mort sur le champ
de bataille; il apprend que les siens ont vaincu et il meurt content. Il
s'est détaché de lui-même, il s'est identifié avec quelque chose de
plus grand et de plus durable que lui, sa patrie, et, tout en mourant
individuellement, il a la certitude de survivre dans une existence
plus large. Et de pareils hommes se rencontrent par milliers et même
par millions comme le prouve cet adage devenu populaire : *Il est
doux de mourir pour la patrie*. En effet, donnez à un homme une
grande cause à défendre, et il trouvera tout naturel de se sacrifier
pour elle, tandis que, livré à ses réflexions, il ne comprend pas la.
possibilité ni surtout les avantages du sacrifice de soi. Les hommes
ont donc le sentiment intime que leur vrai moi n'est pas le moi
conscient, quoiqu'ils aient peine à s'en faire une idée claire. Nous.
savons maintenant ce qui nous rend difficile, en cette matière, la.
compréhension de l'état réel des choses. C'est l'illusion d'un moi
absolu en nous, illusion sur laquelle repose notre individualité consciente elle-même, et qui produit naturellement l'égoïsme, la tendance à se conserver et à se satisfaire à tout prix. Mais il est certain
que ce moi conscient est nécessairement voué à la mort; pour
vaincre la mort en vérité, et non au moyen de vaines imaginations,
il faut donc vaincre son égoïsme naturel, se détacher de son moi
empirique, qui n'est qu'un fantôme, et dont la mort, par conséquent,
n'est pas l'anéantissement de ce qu'il y a de vraiment réel en nous.

Maintenant jetons encore un coup d'œil sur l'ensemble des choses.
Nous sommes en présence de deux réalités hétérogènes. D'un côté,.
nous avons la certitude de l'existence de Dieu, qui est le bien et le
vrai pur, l'être parfait et constituant dans sa perfection la nature.
normale des choses. De l'autre côté, nous voyons la nature physique,
dont nous sommes issus, dont nous ne cessons pendant cette vie de
faire partie, et nous constatons que la nature physique repose sur
des illusions ou des apparences, qu'elle est remplie de mal et d'anomalie. En principe, il y a, entre Dieu et la nature physique, un
abîme infranchissable, une incompatibilité absolue. Dieu est le bien et
le vrai pur. Le bien exclut et condamne absolument tout ce qui est
mauvais, et le vrai répugne absolument à toute communauté avec le
faux, l'erreur et le mensonge. Dès qu'on méconnaît le moins du
monde cette incompatibilité absolue entre Dieu et l'anomalie qui
remplit et même constitue le monde physique, la conscience morale
en est faussée et tout le domaine de la pensée désorganisé sans res-

source, comme le prouve l'histoire de toutes les religions et de toutes
les philosophies. Car méconnaître cette incompatibilité, c'est méconnaître le sens même de la distinction du bien et du mal et de celle
du vrai et du faux. Dieu ne peut donc être considéré ni comme la
cause ni comme la substance des choses de ce monde, puisqu'il ne
peut avoir rien de commun avec les éléments anormaux de la nature
physique. Néanmoins, nous ne pouvons douter qu'il n'y ait, entre
Dieu et le monde, un lien, tout incompréhensible qu'il soit, puisque
Dieu est la nature normale des choses. Nous pouvons d'autant
moins en douter que c'est en nous-mêmes surtout que ces deux
choses se rencontrent d'une manière manifeste. En effet, nous sommes
des produits de la nature, n'existant que par la force d'une illusion
et étant soumis, même quant à notre pensée et aux manifestations
supérieures de notre vie, à des conditions, ou au moins à des restrictions physiques; mais en même temps nous nous connaissons
comme enfants de Dieu et comme organes du divin dans ce monde.
Car l'idée de Dieu ou de l'absolu est notre loi logique fondamentale,
le principe de toute certitude rationnelle, et la tendance vers Dieu,
c'est-à-dire vers le bien vrai ou absolu, est la loi de notre nature
morale. Nous constatons en Dieu la nature normale des choses, par
conséquent notre vrai moi, et la conscience de cette parenté et communauté avec Dieu nous ravit à tout jamais au néant. C'est donc là le
fondement de notre vie spirituelle, et il ne faut jamais le perdre de vue.

Si l'on fixait son attention exclusivement sur l'anomalie qui remplit ce monde : les vices et les souffrances, les illusions et les erreurs,
l'égoïsme féroce et la guerre incessante de tous les êtres vivants et
la fragilité de leur existence, on pourrait en perdre la raison et
désirer l'anéantissement de toutes choses. Car l'existence de l'anomalie est pour la raison un gouffre insondable, un abîme d'incom-
préhensibilité. Qu'il y ait des choses qui ne devraient pas être, qui
n'ont pas le droit d'exister, c'est là une énigme terrible et qui n'admet
point de solution. Mais en constatant la présence de l'élément divin
dans notre pensée et dans notre conscience morale, nous nous voyons
élevés dans la région pure, sereine et immuable de l'absolu. L'énigme
douloureuse que présente l'existence de l'anomalie n'en est pas
résolue, mais nous trouvons qu'un côté de notre être — et c'est le
seul qui doit compter — lui échappe. Par ce côté, s'ouvre pour nous
la voie du salut. Qu'on en constate donc bien la preuve en soi et en
dehors de soi.

Il n'y a pas longtemps que l'humanité est sortie de la barbarie, et cependant quels individus vraiment divins n'a-t-elle pas déjà produits! Des héros, au sens moral, qui ne se lassèrent, de toute leur vie, de pratiquer le renoncement et la charité; des intelligences lumineuses qui ouvrirent à l'esprit humain des voies et des horizons nouveaux; des poètes et des artistes merveilleux, qui lui créèrent l'image d'un monde idéal, reflet de la perfection qui est la nature normale ou divine des choses. Ce sont là autant de preuves de la présence de l'absolu ou du divin dans le sein de l'humanité, pour quiconque n'en trouve pas la preuve immédiate en lui-même.

Mais l'humanité n'est que la plus haute expression de la nature physique, et les buts supérieurs qu'elle poursuit avec conscience, ont été poursuivis avant elle par la nature inconsciente. L'existence de l'homme en est elle-même une preuve. Ceux-là seuls qui ne se sont pas encore eux-mêmes beaucoup élevés au-dessus de l'animalité ou qui tendent à y revenir, au moins en théorie, peuvent croire que l'apparition de l'homme sur la terre est due à des causes extérieures et fortuites, à quelque « sélection naturelle ». Au contraire, celui qui possède la notion claire de l'absolu et la conscience de l'anomalie des choses de ce monde, a par cela même la certitude que la nature, en créant ou en engendrant l'homme, poursuivait un but supérieur, le but même que l'homme se pose avec conscience : la réalisation du bien et du vrai, l'ascension vers le divin ou la norme des choses. Et pourtant, qui pourrait s'en douter, en voyant l'action aveugle de la nature et les voies tortueuses qu'elle a suivies pour arriver à ses fins? Quiconque aurait contemplé la terre aux âges où elle n'était peuplée que de reptiles, aurait-il pu prévoir ou croire que, sur cette même terre, apparaîtrait un jour un être capable de mesurer les cieux visibles et, qui plus est, d'atteindre la notion de l'absolu et de pénétrer toutes les apparences naturelles qui déguisent la vue réelle des choses? Néanmoins, ce prodige s'est accompli, non pas à la manière d'un miracle vulgaire, mais au moyen d'une évolution lente, à travers des empêchements et des déviations sans nombre.

Telle est donc la puissance du divin dans ce monde, quoique Dieu ne soit pas une cause physique. Et nous, les enfants privilégiés de la création, destinés à promouvoir les fins suprêmes de la nature, et à participer par un côté de notre être au caractère divin ou absolu, nous serions voués au néant! Quelque chose de divin ne se serait édifié en nous que pour disparaître sans trace à notre mort! Non;

tout ce qui est marqué du caractère divin est impérissable; notre immortalité nous est donc assurée par le fait même que nous possédons la religion.

Maintenant on voit aussi clairement quelle est la vraie nature de la religion. La religion ne consiste pas, comme on se l'imagine souvent, à croire ceci ou cela, et à pratiquer différents rites ou différentes cérémonies. Elle ne doit pas être non plus considérée comme un vêtement de fête, qu'on dépose en sortant de l'église. La religion est une vie supérieure, une vie vouée au culte du bien et du vrai; car Dieu, l'objet de la religion, n'est rien autre que le bien et le vrai pur, l'être suprême et parfait, la norme des choses. Il ne peut et ne doit donc y avoir aucune séparation entre la religion et la vie. Mais la religion ne peut pas constituer toute la vie; elle donne à la vie le ton ou l'esprit, mais non le contenu, que nous ne pouvons emprunter qu'à la nature physique. C'est ce que ces deux grands maîtres, le Bouddha et le Christ, semblent avoir méconnu. Aussi ont-ils eu une vue trop étroite de la vie humaine, une vue dans laquelle il n'y avait de place ni pour la science, ni pour l'art, ni pour l'industrie. Sans tout cela pourtant, la vie de l'humanité serait trop vide et trop pauvre à tous égards. L'idéal n'est pas le fainéant et le mendiant, mais le travailleur; non pas une vie ascétique ou monacale, mais une vie active consacrée à la réalisation du bien et du vrai. Pour cela, il faut chercher à acquérir, non seulement des vertus et des connaissances, mais aussi des biens matériels. La recherche des biens physiques ne devient funeste et dégradante que si on les prend sottement pour des biens réels ou véritables, et si l'on en fait le but final de ses efforts et de ses convoitises, comme c'est malheureusement le cas pour la plupart des hommes, surtout de notre temps. Mais les biens physiques peuvent trouver un emploi qui leur confère le caractère de biens réels, à savoir quand on les emploie à soulager la misère et à réparer l'injustice qui pèsent sur une si grande partie de l'humanité. Ce n'est donc pas la nature de l'activité des hommes qu'il faudrait changer, mais seulement l'esprit qui les anime. La vie de l'humanité ne prendra un cours normal que quand chacun, tout en vaquant à ses affaires, n'oubliera jamais que le bien vrai ou réel, le salut et l'immortalité sont dans le renoncement à soi-même, dans le dévouement à ce qui est divin et éternel : le bien, la vérité et la justice.

RÉCAPITULATION

Les lecteurs de ces *Nouvelles Esquisses*, qui auront commencé à comprendre la doctrine qu'elles contiennent, trouveront peut-être quelque profit à lire encore les considérations qui suivent.

On éprouve surtout beaucoup de difficulté à admettre l'existence de deux natures des choses, à se persuader que les choses, outre leur nature physique, ont encore une nature normale et absolue, en dehors de l'expérience, ou, en d'autres termes, que l'absolu est la nature normale des choses. C'est là, en effet, une difficulté qui peut sembler au premier abord, insurmontable; aussi faut-il l'examiner et voir quel est son fondement.

Pour juger une conclusion comme celle dans laquelle on affirme l'existence d'une double nature des choses, on doit remonter aux prémisses dont elle découle et s'assurer de leur validité et de leur certitude, rechercher ensuite si elle en procède d'une manière logique et nécessaire.

Or cette conclusion a pour prémisses : 1° la notion d'un objet normal, possédant une nature qui lui est propre, ou pouvant être identifié avec lui-même, notion qui constitue la loi fondamentale de notre pensée; 2° le fait que les choses de ce monde paraissent, il est vrai, conformes à cette notion, mais ne le sont pas en réalité, de telle sorte qu'il y a un désaccord entre notre idée d'un objet réel et les objets que nous présente l'expérience.

La première de ces prémisses est développée dans l'introduction de l'article V, et dans la première section de ce même article, intitulée : *La norme de la pensée*. La seconde prémisse, la preuve que les objets de l'expérience sont organisés de manière à paraître des substances, mais ne sont pas des substances en réalité, se trouve dans les deux premiers articles sous les titres : *De la nature des choses*, *Le sens commun et la philosophie*. Enfin la relation mutuelle de ces deux prémisses fait l'objet des deux premières sections de l'article VI, intitulées : *La preuve ontologique* et *Le rapport de l'absolu et du conditionné*.

En traitant de *la preuve ontologique*, j'ai démontré que les objets de l'expérience, tout en étant en désaccord avec notre idée d'un objet normal ou d'une nature normale des choses, idée qui est la loi fondamentale de notre pensée, témoignent eux-mêmes en faveur de cette idée. La nature empirique ou physique est, en effet, dominée par des nécessités, qui ont leur fondement dans la nature normale des choses et qui nous sont révélées *a priori* par la norme ou loi fondamentale de notre pensée. Ces nécessités sont exprimées par le principe de contradiction et le principe de causalité : dans le monde physique lui-même il ne peut se rencontrer rien de logiquement contradictoire, ni aucun changement sans cause. C'est le résultat d'incompatibilités absolues qui dominent la nature physique des choses, mais qui ont leur fondement dans leur nature normale et absolue. Enfin cette subordination se manifeste de la manière la plus évidente par le fait que les objets de l'expérience, tout en ne s'accordant pas avec notre idée d'un objet normal, sont organisés cependant de manière à paraître conforme à cette idée, que le monde des phénomènes, en un mot, est organisé de manière à paraître un monde de substances.

C'est donc la nature physique des choses elles-mêmes qui nous fournit la preuve qu'il y a pour elles une nature normale et absolue, au delà de l'expérience. L'existence de ces deux natures des choses n'est donc pas même, à proprement parler, une conclusion découlant de nos deux prémisses, mais une conclusion qui se constate immédiatement avec les prémisses elles-mêmes, qui fait vraiment corps avec elles.

Il faut tâcher de rendre cela plus clair encore. En quoi consiste l'anomalie de ce monde? Les choses de ce monde sont en désaccord avec elles-mêmes. Ce désaccord avec soi-même se manifeste de deux manières : 1° aucun objet du monde physique ne peut être identifié avec lui-même, ne possède une nature qui lui soit vraiment propre, et 2° tous les objets de ce monde renferment la tendance à s'anéantir eux-mêmes. Cette tendance se révèle immédiatement dans le mal et la douleur, mais elle est commune à tous les objets de l'expérience, puisqu'ils sont tous sujets à un changement incessant et ne persistent qu'en se reproduisant sans cesse et en paraissant être ce qu'ils ne sont pas en réalité. Dans ce monde, il n'y a aucun objet absolu et invariable en soi; il n'y a que des phénomènes fugitifs dont l'existence est soumise à des conditions, et surtout à la condition fondamentale de se déguiser, d'apparaître comme substances, comme objets absolus, conformes à la norme : j'ai montré dans le *Tableau de l'enchaînement des choses* toutes les conséquences qui découlent de cette conformité apparente.

La nature physique, en se reniant ainsi elle-même, prouve par cela seul qu'elle n'est pas la nature normale des choses au delà de l'expérience. Car l'anomalie ne peut exister ni être pensée sans la norme dont elle diverge, comme elle est dominée par des nécessités fondées dans la norme ou dans la nature normale des choses. Si donc l'existence de deux natures des choses présente pour la pensée une difficulté terrible, c'est que la nature physique étant anormale est elle-même incompréhensible et inexplicable.

Jetons encore un regard sur ce monde. Ce monde semble composé de deux espèces d'objets : les corps et les « moi conscients », qui apparaissent comme des substances. Mais l'analyse des faits, dans les deux premiers articles de ces *Esquisses*, a montré que dans le monde de l'expérience il n'y a pas de substances réelles, mais seulement des phénomènes fugitifs de différentes espèces, à savoir : 1° des sensations des sens dits extérieurs, telles que les couleurs, les sons, les odeurs, etc.; 2° des sensations de plaisir et de douleur, ainsi que des émotions, des sentiments, des volitions, et enfin 3° des pensées, idées ou représentations. Toutefois, ces phénomènes, quoique fugitifs, ne sont ni sans liaison ni sans organisation. Bien au contraire. Tous ces phénomènes sont liés ensemble par leur côté soustrait à la perception, et sont organisés en unités formant des *moi* conscients. Le principe qui connaît et qui pense dans chaque *moi* se reconnaît lui-même dans le principe qui sent (le plaisir ou la douleur) et qui veut, et il reconnaît les sensations des sens extérieurs, comme des substances qui lui sont étrangères, comme des corps dans l'espace. De plus, tous les sujets connaissants sont liés entre eux et organisés de manière à pouvoir reconnaître dans leurs sensations respectives un monde matériel, le même pour tous. C'est un principe unique qui agit, et il agit sous l'apparence d'un monde de corps commun à tous les sujets connaissants.

On voit donc, quand on la voit telle qu'elle est en réalité et non en apparence, combien la nature physique est elle-même paradoxale. Nous allons et venons, nous agissons, nous produisons, nous consommons, et cependant il n'y a, en réalité, ni espace, ni objets dans lesquels et par lesquels nos actions s'accomplissent. Un corps est une « possibilité permanente de sensations », dit Mill. Soit! Voici une pièce d'argent que je mets dans une cachette où personne ne la trouvera, et cette pièce cesse d'être pour personne une possibilité de sensations, jusqu'au moment où je la reprendrai. Schliemann déterre le prétendu trésor du roi Priam, et voilà une possibilité permanente de sensations qui reparaît après des milliers d'années pendant lesquelles elle n'en était pas une. Deux gaz se combinent pour former de l'eau, et voilà une nouvelle possibilité de sensations qui entre en action. Que l'on multiplie indéfiniment les exemples; on reconnaîtra que toute notre expérience est organisée *comme si* les objets de notre perception étaient des corps dans l'espace. L'homme naturel sera invinciblement tenté de dire : « Mais, toutes ces difficultés s'évanouissent si l'on admet la réalité des corps! » — Hélas, mon pauvre ami, que tu es loin de compte! Le monde des corps est une apparence très systématiquement organisée, il est vrai, et cependant une apparence, et si l'on prend cette apparence pour la réalité, on n'explique rien par là, on ne fait que se rendre dupe de l'illusion naturelle, puisqu'on attribue aux objets de l'expérience le caractère d'absolu qu'ils sont loin de posséder.

Enfin, le caractère paradoxal et incompréhensible de la nature des choses se montre d'une manière encore plus saisissante en nous-mêmes. Le témoignage des faits nous force de nous nier, de ne reconnaître en nous aucun moi réel, aucune nature qui nous soit vraiment propre. Je ne suis moi-même qu'un phénomène produit par des causes, et non un être réel, indépendant, identiquement le même dans des temps différents. Mon moi n'est donc qu'un fantôme, ma qualité de substance repose sur une illusion. Que peut-il y avoir de plus exorbitant? De notre temps, toutefois, il y a des personnes cultivées qui reconnaissent le caractère purement phénoménal du moi, et elles acceptent ce fait comme quelque chose de fort simple, dont il ne faut pas s'étonner; mais c'est la preuve que la plupart des hommes, même cultivés, sont *gedankenlos*. Qu'y a-t-il, en effet, de plus stupéfiant que cette nécessité de se nier soi-même, de reconnaître qu'on n'est pas une unité, simple, indépendante et en soi invariable, bref, une personne réelle, et c'est à quoi cependant nous en sommes réduits par le témoignage irrécusable des faits? Comment alors l'existence d'une nature normale des choses, en dehors de leur nature physique, pourrait-elle nous apparaître comme la difficulté principale? Tout au contraire; elle nous restitue, pour ainsi dire, notre moi dans une certaine mesure. Nous reconnaissons que notre vrai moi, notre nature vraiment propre ou normale est dans l'absolu, et que par là nous participons à la réalité et à la vraie liberté, comme je l'ai montré dans la quatrième section de l'*Essai sur le fondement de la religion et de la morale.*

L'existence de l'anomalie ou d'une réalité anormale, voilà donc l'énigme, le fait incompréhensible et inexplicable, et non pas l'existence d'une nature normale des choses en dehors de l'expérience. Constatons cela encore une fois en ce qui nous concerne. Nous, notre moi, notre unité simple, indépendante et invariable, tout cela n'est qu'une apparence nécessaire à laquelle nous devons l'être. Mais les éléments constitutifs de notre être, quoique n'étant que des phénomènes toujours changeants, sont cependant des réalités, et qui se groupent sous deux chefs : le sujet et l'objet du moi, le sujet et l'objet de la conscience de soi-même. L'un est ce qui pense et ce qui connaît, l'autre ce qui éprouve en nous le plaisir ou la douleur et ce qui veut. J'appellerai ces deux éléments de notre être l'*intelligence* et la *volonté*. Or, en les examinant, nous constatons que l'intelligence n'est là, en premier lieu, que pour rendre possible l'apparence qui présente le monde des phénomènes comme un monde de substances. Notre propre existence individuelle repose sur une illusion et, pour cette raison même, est une existence consciente; de toute nécessité, notre intelligence est donc soumise originairement à des causes et à des lois physiques qui pervertissent ses fonctions, qui l'induisent fatalement en erreur. Mais l'intelligence, ou la pensée, a aussi une nature normale, grâce à laquelle elle atteint le vrai. La nature normale de la pensée est sa nature logique, et la loi logique fondamentale de la pensée n'est rien autre que l'idée d'un objet normal, l'idée d'une nature normale des choses. On voit donc comment la dualité d'une nature normale et d'une nature physique anormale de notre être est immédiatement donnée dans ses éléments constitutifs, comment par le côté anormal nous sommes séparés et nous écartons de l'absolu, comment par le côté normal, au contraire, nous y participons.

Et il en est exactement de même pour l'autre élément constitutif de notre être, la volonté. Comme nous n'existons qu'en paraissant être des personnes absolues, indépendantes, ce que nous ne sommes pas en réalité, de toute nécessité notre volonté est originairement soumise à des lois physiques, qui pervertissent sa tendance, qui nous induisent à faire le mal. La loi physique fondamentale de notre volonté est, en effet, l'égoïsme, la tendance à rechercher notre propre bien, même en faisant du mal aux autres. Mais notre volonté a aussi une nature ou une tendance normale, la tendance au bien vrai ou absolu, et c'est en cela que se révèle notre parenté et notre liaison avec l'absolu. Car le bien vrai ou réel est l'identité avec soi-même, et c'est là précisément le caractère de l'absolu, — de la nature normale et absolue des choses, — dont nous ne pouvons approcher qu'en reniant notre moi physique illusoire et en combattant notre égoïsme naturel.

On voit donc comment la réalité de l'absolu, la certitude d'une nature normale et absolue des choses est impliquée dans leur nature physique elle-même et ne peut en être abstraite. S'il n'y avait pas d'absolu, pas de nature normale des choses, le monde physique ne serait qu'un rêve sans signification et sans consistance, ou plutôt il n'existerait point : l'idée d'une anomalie sans norme se détruit elle-même. C'est uniquement la notion et la certitude de l'absolu qui donnent des bases solides à notre pensée et à notre volonté, à notre conscience logique et à notre conscience morale. C'est grâce à elles seules qu'il y a de la consistance dans le monde des phénomènes lui-même, ce monde qui ne renfermerait rien d'invariable et, par conséquent, ne serait pas, s'il n'était organisé de manière à paraître conforme à la norme des choses, c'est-à-dire à paraître un monde de substances [1].

Le monde physique est donc indissolublement lié à l'absolu, la nature est liée à la nature normale des choses, et il est impossible de les penser séparément. Mais si l'on se place au point de vue de l'absolu, on se heurte à un nouveau côté de la difficulté qui résulte de l'existence d'un monde physique anormal.

Il est dans la notion et dans la nature de l'absolu — identique à lui-même, — d'exister en dehors de toute relation ; on ne peut donc concevoir que l'absolu puisse avoir quelque chose de commun avec le monde. Et cependant il faut bien admettre cette communauté, puisque le monde physique l'implique, n'existe que par elle, et que nous-mêmes, en particulier, nous trouvons la loi fondamentale de notre pensée dans le concept de l'absolu, dont notre conscience morale nous donne, en outre, la certitude immédiate. C'est donc ici qu'il s'agit de faire les distinctions nécessaires et de se bien orienter. L'absolu ne peut avoir absolument rien de commun avec l'anormal ou l'anomalie. Or, toute la nature phy-

---

1. Les phénomènes individuels étant, de leur nature, éphémères, dire que le monde des phénomènes existe, c'est dire qu'il existe un ordre immuable des phénomènes, ou que les phénomènes suivent des lois invariables. Or, à quoi tient cette immutabilité de l'ordre des phénomènes? C'est 1° à ce qu'il ne peut y avoir un changement sans cause, et, 2° à ce que le monde des phénomènes est organisé de manière à paraître un monde de substances, c'est-à-dire d'objets absolus et invariables en soi. Ce sont là les nécessités qui dominent le monde des phénomènes et grâce auxquelles il existe, et ces nécessités ont leur fondement dans l'absolu, ou dans la nature normale des choses.

sique étant sujette au changement, remplie de mal, et organisée de manière à produire l'illusion, l'absolu ne peut avoir rien de commun avec les éléments physiques de la réalité connue : il n'est ni la substance, ni la cause, ni le gouverneur du monde. Affirmer une telle communauté, c'est nier qu'il y a une opposition absolue entre le bien et le mal et entre le vrai et le faux, entre la norme des choses et l'anomalie qui s'en écarte : c'est donc nier la norme, l'absolu lui-même. Mais s'il faut absolument nier toute communauté de l'absolu avec les éléments anormaux de la réalité connue, on ne peut pas nier ses relations avec les éléments supérieurs, logiques et moraux, de notre être, car la loi logique n'est rien autre que la notion de l'absolu, et la loi morale la tendance vers le bien absolu. En fait, comme nous l'avons vu plus haut, la preuve de l'existence de l'absolu se ramène à la preuve de la validité de sa notion dans le monde physique lui-même, à la confirmation de cette validité par les choses et les faits physiques eux-mêmes; elle est, par conséquent, la preuve en même temps de sa communauté avec le monde physique. L'absolu est la nature normale des choses de ce monde, ou, inversement, le monde est l'apparition (*Erscheinung*) de l'absolu, mais son apparition sous une forme qui lui est étrangère en soi, de sorte qu'on ne parvient à l'absolu qu'en reniant cette forme, c'est-à-dire en reconnaissant qu'elle est quelque chose d'anormal et d'inexplicable [1].

De cette manière, qui est seule logiquement légitime et nécessaire, on atteint ce résultat que toute confusion, que toute obscurité reste dans les choses et n'empêche pas notre pensée de parvenir à l'harmonie, à la clarté sur elle-même et sur son rapport avec les choses, tout en restant conforme aux faits. Toute autre manière de voir mène au contraire à des erreurs, à des contractions logiques et à une véritable désorganisation de la pensée. Il n'y a d'ailleurs que deux autres partis à prendre sur ce sujet, qui sont, ou de nier, d'ignorer, tout au moins, l'absolu, ou de supposer qu'il contient la raison suffisante des choses. C'est, de part et d'autre, le suicide de la pensée.

Si l'on nie l'absolu, si l'on ne reconnaît pour toute réalité que les phénomènes fugitifs présentés dans l'expérience, on renie la pensée logique, dont la loi est la notion de l'absolu, et la conscience morale, qui repose sur la même notion; on renonce à toute certitude rationnelle · · car toute certitude de quelque chose d'immuable dans son objet, et toute immutabilité présuppose l'absolu, — et l'on se met hors d'état de rien comprendre aux choses. Comment croire que la nature physique des choses, livrée à des changements perpétuels, remplie de mal et présentant un système organisé d'apparences, soit la nature normale des choses? Et si la nature physique est anormale, comment penser que l'anomalie puisse exister sans la norme dont elle diverge? Le faux et le mal, sans le vrai et le bien? La négation sans l'affirmation? Ce serait

---

1. Il est dans la nature de l'anomalie et de la nature anormale, comme je l'ai montré dans un article précédent, à la fois d'exiger une explication et de n'en pouvoir recevoir aucune, bref de renfermer une antinomie insoluble.

penser que la réalité vraie n'existe pas, tandis qu'elle seule est véritablement réelle.

Mais s'il est logiquement impossible de nier, ou même d'ignorer l'absolu, il est tout aussi impossible de supposer qu'il contient la raison suffisante des choses. J'en ai déjà dit assez sur ce sujet pour qu'il soit inutile d'y insister ici davantage. Affirmer une communauté de l'absolu avec les éléments physiques, anormaux de notre monde : le mal, le faux et le changement, c'est anéantir l'idée même de l'absolu et nier l'opposition absolue ou, en d'autres termes, la distinction même du bien et du mal, du vrai et du faux; c'est donc renier la pensée logique, la conscience morale et, par conséquent, renoncer au droit même de juger, ce qui est la plus complète condamnation qu'on puisse porter sur soi-même.

Telles sont les conséquences logiques des deux suppositions que nous venons d'examiner. Elles transportent dans la pensée même l'anomalie et la confusion qui règnent dans les choses, aussi les résultats en sont-ils désastreux. On sait quelle anarchie et quelle confusion règnent de notre temps dans les croyances et les opinions; il n'y a presque pas de question sur laquelle les hommes s'accordent. Or cette confusion n'est que le reflet de celle qui existe dans les choses. Il fut un temps, sans doute, où l'accord fut plus général; mais à quel prix l'avait-on acheté? En renonçant à toute investigation des choses, en fermant résolument les yeux sur une multitude de faits, en vivant plus, comme le faisait la chrétienté au moyen âge, dans un monde imaginaire que dans le monde réel. Mais un état de la pensée si anormal et si peu naturel ne pouvait pas durer toujours, il a cessé; chacun, aujourd'hui, veut voir par ses yeux, et voilà l'humanité dans l'anarchie et la confusion. Que l'on remonte donc à la source de ce désordre : elle n'est nulle part ailleurs que dans la nature physique des choses, qui est anormale, qui repose sur deux tendances opposées, et sur des illusions ou apparences qui en sont inséparables. On s'accorde généralement à croire que les sciences physiques forment un domaine de la pensée où tout est certain et harmonique; mais, en réalité, elles en sont bien loin! Pour autant seulement qu'il s'agit de constater l'ordre des phénomènes, les lois suivant lesquelles ils s'accompagnent et se succèdent, ces sciences sont parvenues sans doute à beaucoup de résultats certains et sur lesquels un accord général est possible. Mais s'il s'agit de se rendre compte des faits, d'édifier une théorie de la nature, on constate, comme je l'ai suffisamment, quoique brièvement montré dans les trois premiers articles de ces *Esquisses*, que les fondements mêmes en sont contradictoires. Pour plus de détails, qu'on lise les livres spéciaux, comme celui de M. Stallo : *La matière et la science physique*; on y verra à quelles perplexités les savants sont condamnés, avant même d'aborder le problème de la vie organique et, à plus forte raison, celui de la vie consciente. M. Stallo croit que ces difficultés ne sont propres qu'à la théorie atomique, mais c'est faute d'avoir approfondi les choses; elles sont inséparables de toutes les théories physiques quelles qu'elles soient, et, au contraire, la théorie atomique et mécanique est précisément celle de toutes qui est la moins chargée de contradictions logiques. C'est que le monde matériel n'est lui-même qu'une apparence, et toute fausseté mène à des contradictions. Seuls le vrai et le bien, — ces caractères de l'absolu, cette essence de la perfection, — sont toujours et partout identiques, égaux et adéquats à eux-mêmes. Le mal et le faux, au contraire, ont nécessairement pour trait essentiel le désaccord avec soi-même, le manque de consistance, par conséquent, et conduisent, en dernière analyse, aux contradictions logiques qui les trahissent.

Notre salut est donc uniquement dans la possession d'un principe supérieur de vérité, d'une norme suprême de la pensée et des choses, bien au-dessus de toute confusion et de toute contradiction. De même qu'un miroir n'est pas souillé ou terni quand il réfléchit un objet impur, parce qu'il ne s'assimile pas cette image et garde intacte sa nature propre, de même notre pensée conserve sa clarté et son harmonie en réfléchissant l'obscurité, la confusion, qui règnent dans les choses, si elle ne s'assimile pas, en les méconnaissant, cette confusion et cette obscurité, et reste fidèle à son propre principe, à sa norme, source de toute clarté et de toute harmonie. La notion distincte de cette norme, et la constatation rigoureuse des faits tels qu'ils nous sont immédiatement donnés dans la conscience et dans la perception, nous assurent les moyens de surnager sur cette « mer d'erreurs » où nous sommes plongés dès notre naissance.

FIN

TABLE DES MATIÈRES

Vie de A. Spir v
Préface xxv
Seconde Préface xxviii

I. — De la nature des choses.. 1
II. — Le sens commun et la philosophie..................................... 20
III. — Du rôle de l'idéalisme en philosophie................................ 27
IV. — Du principe agissant de la nature.................................... 32
    1° La force n'est rien d'individuel....................................... 32
    2° Le principe du changement ou du devenir........................... 37
    3° Le principe de l'ordre dans la nature................................ 41
    4° La finalité dans la nature.. 51
    5° La signification et l'évolution de la vie.............................. 57
V. — La norme de la pensée et l'enchaînement des choses................ 63
    1° La norme de la pensée.. 68
    2° Tableau de l'enchaînement des choses.............................. 72
VI. — Essai sur les fondements de la religion et de la morale............ 77
    1° La preuve ontologique.. 77
    2° Rapport de l'absolu avec le conditionné ou le monde physique. 91
    3° Le fondement de la morale.. 97
    4° Remarques sur la liberté.. 106
    5° Qu'est-ce que la religion?.. 114
    6° Remarques sur l'origine et sur la fin des choses.................. 122
VII. — De l'immortalité de l'âme.. 120

Récapitulation 130

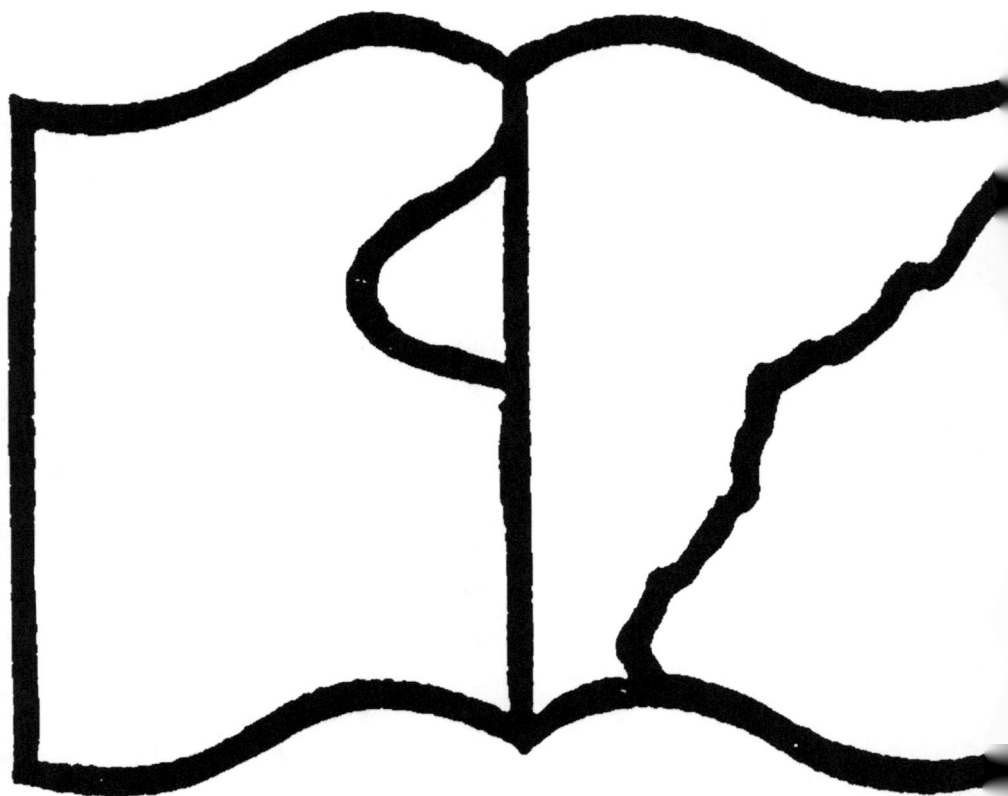

Texte détérioré — reliure défectueuse
NF Z 43-120-11

FÉLIX ALCAN, ÉDITEUR

RÉCENTES PUBLICATIONS

BLONDEAU (C.). L'absolu et sa loi constitutive. 1 vol. in-8.   6 fr.

BOUTROUX (Em.). De l'idée de loi naturelle dans la science et la philosophie. 1 vol. in-8.   2 fr. 50

DAURIAC. Croyance et réalité. 1 vol. in-18.   3 fr. 50

-- Le Réalisme de Reid. 1 vol. in-8.   1 fr.

DUBUC (P.). Essai sur la méthode en métaphysique. 1 vol. in-8.   5 fr.

DUGAS (L.). L'amitié antique, d'après les mœurs et les théories des philosophes.
1 vol. in-8.   7 fr. 50

DUNAN. Sur les formes à priori de la sensibilité. 1 vol. in-8.   5 fr.

ESPINAS (A.). Les origines de la technologie. 1 vol. in-8.   5 fr.

FLEURY (Maurice de). Introduction à la médecine de l'Esprit. 1 vol. in-8.
5e éd.   7 fr. 50

GOURD. Le phénomène. 1 vol. in-8.   7 fr. 50

HALLEUX (J.). Les principes du positivisme contemporain, exposé et critique.
(Ouvrage récompensé par l'Institut). 1 vol. in-12.   3 fr. 50

HARRACA (J.-M.). Contributions à l'étude de l'hérédité et des principes de la
formation des races. 1 vol. in-18.   2 fr.

LÉGER (C.). La liberté intégrale, esquisse d'une théorie des lois républicaines.
1 vol. in-12.   1 fr. 50

PRÉAUBERT. La vie, mode de mouvement, essai d'une théorie physique des
phénomènes vitaux. 1 vol. in-8.   5 fr.

RIBERT (Léonce). Essai d'une philosophie nouvelle suggérée par la science.
1 vol. in-8.   6 fr.

SECRÉTAN (Ch.). Études sociales. 1 vol. in-18.   3 fr. 50

-- Les droits de l'humanité. 1 vol. in-18.   3 fr. 50

-- La croyance et la civilisation. 1 vol. in-18. 2e édit.   3 fr. 50

-- Mon utopie. 1 vol. in-18.   3 fr. 50

-- Le principe de la morale. 1 vol. in-8. 2e édit.   7 fr. 50

-- Essais de philosophie et de littérature. 1 vol. in-12.   3 fr. 50

SPIR (A.). Esquisses de philosophie critique. 1 vol. in-18.   2 fr. 50

-- Pensée et réalité, trad. de l'allem. par A. Penjon. 1 vol. in-8.   10 fr.

STRADA (J.). La loi de l'histoire. 1 vol. in-8.   fr.

-- Jésus et l'ère de la science. 1 vol. in-8.   5 fr.

-- Ultimum organum, constitution scientifique de la méthode générale. Nouvelle
édition. 2 vol. in-12.   7 fr.

La religion de la science et de l'esprit pur, constitution scientifique de la